フィギュアスケートとジェンダー

ぼくらに寄り添うスポーツの力

後藤太輔
Taisuke GOTO

現代書館

まえがき

スポーツ選手の友情や闘う姿がシェアされ、共感が世界へ拡散していく。

第23回冬季オリンピック競技平昌《ピョンチャン》大会。現地取材をした著者は、そんな新時代のスポーツ選手と世界のファンとの関係を感じた。

フィギュアスケート男子で66年ぶりとなる五輪連覇を達成した羽生結弦*が飛び出して先頭に立った。それを追いかけるのは、ウズベキスタンのミーシャ・ジー*。中国の金博洋*、韓国の車俊煥*、銀メダルの宇野昌磨*と続いた。

平昌五輪は2018年2月9日に開会式があり、25日に閉幕した。担当したフィギュアスケートは、23日の女子フリーで全競技日程を終え、その後、試合会場では25日に行われるエキシビションの練習が行われた。

戦いを終え、練習リンクで和気あいあいとして男子選手が、突然、ショートトラックのような遊びを始めたのは、そんなときだった。羽生はスピード

*羽生結弦（はにゅう・ゆづる）
1994年生まれ。宮城県出身。4歳でスケートを始める。2014年ソチ五輪、2018年平昌五輪共に金メダル。

*ミーシャ・ジー
1991年生まれ。ロシア出身。2014年ソチ五輪、2018年平昌五輪ウズベキスタン代表（男子シングル）。現役選手でありながら、振付師としても活躍。

*金博洋（キン・ボーヤン）
1997年生まれ。中国出身。2018年四大陸選手権優勝。2018年平昌五輪4位(男子シングル)。2016年の四大陸選手権で史上初の4度の4回転ジャンプを成功。

*車俊煥（チャ・ジュンファン）
2001年生まれ。韓国出身。2016年ジュニアグランプリファイナル3位、2018年平昌五輪韓国代表（男子シングル）。2015年より羽生結弦のコーチでもあるブライアン・オーサーコーチに師事。

を出し過ぎたのか。そのレース中にカーブで転倒し、フェンスまで転がった。それを抱き起こしに行くジー。戸惑う金博洋を抜き去って、フィニッシュラインを最初に切ったのは車俊煥だった。

メディアの記者たちは、また羽生がけがでもしたら大変だと、ざわついたが、起き上がった羽生も含め、各選手とも笑っていた。ジーがＳＮＳのインスタグラムでその動画をアップすると、40万回以上再生された。舞台裏でも仲の良い選手の姿に、英語、日本語、韓国語、中国語などで３００件以上の好意的なコメントが書き込まれた。

イタリアのペア選手、バレンティナ・マルケイ*は羽生と一緒に撮った写真のほか、韓国、北朝鮮の選手と肩を組んだ写真も公開。そして、こんな言葉を添えた。

「これが五輪の魔法。私たちは大きな一つの家族」

(https://www.instagram.com/valemarchei14/ 2月23日の投稿より)

開会式は政治の駆け引きに利用された一面もあった。競技が始まると、主役はアスリートに戻る。いつもの五輪の姿だった。

*宇野昌磨（うの・しょうま）
１９９７年生まれ。愛知県出身。５歳でスケートを始める。２０１６年に史上初の４回転フリップを成功。２０１８年平昌五輪銀メダル。

*バレンティナ・マルケイ
１９８６年生まれ。イタリア出身。２０１４年ソチ五輪出場（女子シングル）。２０１４年オフにペアへ転向。２０１８年平昌五輪団体４位、ペア６位（パートナーはオンドジェイ・ホタレク）。

羽生は強くなった理由について、海外のライバルたちに刺激されたから、と言った。スピードスケートで金メダルを取った小平奈緒*が2位の李相花*（韓国）を抱きかかえたシーンは日韓両国で共感を呼んだ。

　アスリートたちは、練習や試合で高め合う場と仲間を求め、簡単に国境を超える。試合会場で友達になると、ＳＮＳを使いながら育った「ＳＮＳネイティブ」世代は、それぞれの練習拠点や自国に帰っても、アプリを通じて連絡を取り合いつながり合う。ファンもＳＮＳでそれを見て、その場を共有する。

　これまでも、試合会場を訪れ、メディアを通じて、ファンたちは選手の感情を感じ取っていた。しかし今や、メディアが入れない場所での選手の言動が、ダイレクトにファンに届く時代になった。

　フィギュアスケートでは、ゲイであることを公表して五輪に臨んだ米国男子代表のアダム・リッポン*がいた。体形が気になって食べられず、失読症のような学習障害で5歳から高校までいじめられて苦しんだというのは、カナダ女子代表のガブリエル・デールマン*だった。自分の苦しみを公にすること

*小平奈緒（こだいら・なお）
１９８６年生まれ。長野県出身。２０１０年バンクーバー五輪で銀（パシュート）、２０１８平昌五輪では５００メートルで金、１０００メートルで銀メダルを獲得し、旗手も務めた。

*李相花（イ・サンファ）
１９８９年生まれ。韓国出身。２０１０年バンクーバー、２０１４年ソチ五輪５００メートル2連覇。

*アダム・リッポン
１９８９年生まれ。アメリカ出身。２０１５年に同性愛者であることを告白。２０１７年1月の骨折を克服し、平昌五輪に出場。団体戦にはフリーで出場し銅メダル獲得。

*ガブリエル・デールマン
１９９８年生まれ。カナダ出身。２０１７年世界選手権3位（女子シングル）、２０１８年平昌五輪団体で金メダル。

で、「誰かの助けになりたい」という思い。フィールドの外でも闘う姿と勇気。これも、ＳＮＳでシェアされた。

スポーツの、特にトップ選手の社会的な影響力と責任は大きくなっている。平昌五輪では、良い影響のほうが拡散したが、もし、敵意や憎悪をＳＮＳで表明する選手がいれば、社会に与える悪影響もこれまで以上になるだろうと、著者は頭の片隅で想像した。

本書は、２００２年から新聞記者として主にスポーツを見てきた著者が感じたスポーツの力をまとめた。「勇気」や「元気」といった、ぼんやりしたものだけではなく、具体的にスポーツの力が発揮された事例を多く集めた。スポーツの課題や、スポーツという鏡に映し出された社会の課題についても触れた。

スポーツが、社会の中で欠かせないものとして人々の生活を豊かにする存在となっていくために、つまり、日本でスポーツがより良い文化になっていくために、何かの参考になれば、と願っている。

フィギュアスケートとジェンダー　目次

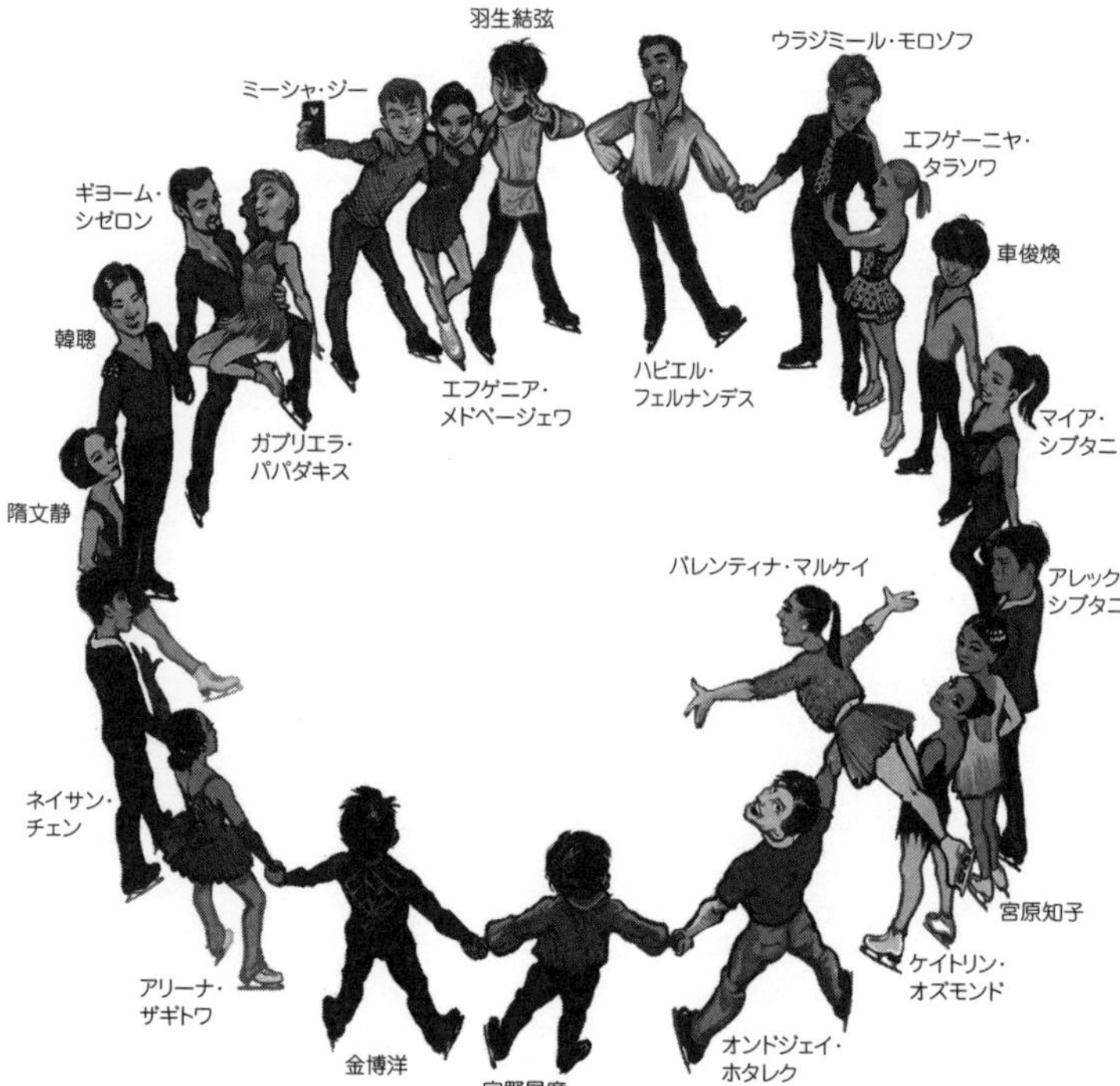

© WTF Skating Doodles

Very special thanks to WTF Skating Doodles team.

1章　フィギュアスケートとジェンダー

フィギュアスケートの母マッジ・サイアーズから浅田真央への道筋

男子と競って2位になった女子フィギュアスケート選手がいる。

マッジ・サイアーズ*。英国人で、地元ロンドンで開催された１９０２年の世界選手権に出た。当時は、女性がスポーツをすることが一般的ではなかった時代。ルールに女子禁止と明記されていないことに目をつけて、出場したとされている。その世界選手権で、サイアーズを唯一上回って優勝したのが、男子のウルリッヒ・サルコー*。現在、６種類に分類されているジャンプ*の中の一つに彼の名前が使われている、伝説的な選手の１人だ。

フィギュアスケートは、早くから女子選手が活躍し、その存在が認められたスポーツの中の一つだった。

その後、１９０６年世界選手権で女子シングルが採用されることになる。サイアーズが優勝した。

他のスポーツも含めて、五輪に女子選手が初めて参加したのは１９００年に開催された第2回パリ大会だった。フィギュアスケートは、１９０８年の

*マッジ・サイアーズ
1881-1917
イギリス出身。1908年ロンドン五輪女子シングル金メダル、同大会ペア銅メダル（パートナーは夫のエドガー・サイアーズ）。1981年に世界フィギュアスケート殿堂入り。

*ウルリッヒ・サルコー
1877-1949
スウェーデン出身。1908年ロンドン五輪男子シングル金メダル。世界フィギュアスケート選手権で優勝10回。

*アクセル、ルッツ、フリップ、ループ、サルコー、トーループの6種類。

第4回ロンドン大会に冬のスポーツとして初めて採用されると、その大会から男子、女子、ペアなどが行われた。

スケートはヨーロッパで生まれたと言われている。道具が発達して選手が増加し、フィギュアスケート、スピードスケート、アイスホッケーに分かれていった。フィギュアスケートは、オランダ貴族が、ダッチロールと言われるカーブを滑る遊びをしたことが原型とされ、円やハートマークなど、フィギュア（＝図形、本書各章扉ページ参照）を氷に描くようになり、競技として発達していった。片足で靴の刃（ブレード）を倒して滑ると、ブレードの氷に接する部分（エッジ）によって曲線が氷に刻まれる。それを一滑りで様々に組み合わせて模様や絵のようなものを描くスペシャルフィギュアという種目も、ロンドン五輪では行われている。

日本スケート連盟のマークに、そんな競技の一端が表れている。下半分は

マッジ・サイアーズ『THE ART OF SKATING』より

白、上半分は青。青空の下、屋外リンクに図形が描かれていることを象徴している。1957年世界選手権に出場し、国際ジャッジ経験も豊富な杉田秀男*によると、日本スケート連盟のマークの、曲線で描かれたボートのスクリューのような図形は、実際に一滑りで描くことができるといい、杉田も滑って描いたことがあるという。

右足で3回、左足で3回、計6回、スケートで滑った跡（トレース）がいかに同じかを競ったことが、現在の採点システムになる前、審判が選手を6点満点で評価することにつながったという。

現在のように、スピンやジャンプが登場したのは19世紀後半。バレエダンサーだった米国人のジャクソン・ヘインズ*が、音楽に合わせて振り付けをし、バレエの技を採り入れたフィギュアスケートをやるようになった。オーストリアのウィーンなどでウィンナ・ワルツが流行していた。そんなこともあって、ヘインズのスケートは、出身の米国よりも欧州で人気を博した。

フィギュアスケートの世界選手権は、第2次世界大戦前の1939年までは男女とも欧州勢が全ての金メダルを獲得した。しかし、戦後、大きな被害

画像提供・日本スケート連盟

*杉田秀男（すぎた・ひでお）
1935年生まれ。東京都出身。1956年全日本フィギュアスケート選手権優勝（男子シングル）。現在は解説者としても活躍。

*ジャクソン・ヘインズ
1840-1875
アメリカ出身。1976年に世界フィギュアスケート殿堂入り。シットスピンの発案者でもある。

が出た欧州に代わって、本国内が戦場になっていない北米の台頭が始まった。生活できない欧州の指導者は、北米に流出してしまった。１９４７年、カナダのバーバラ・アン・スコット*が、北米初の世界選手権優勝者となり、２連覇。男子は１９４８年に米国のディック・バトン*が北米初の男子世界王者になり、そこから５連覇した。

杉田は、１９５７年に米国コロラドスプリングスであった世界選手権に出場した。そこでディズニーの映画や高速道路を見て、「戦争中にこんなすごいものを作っていたのか」とその国力の大きさに驚いたという。

杉田の記憶には、その頃、選手や観客に女性が増え、女性にとって人気スポーツになっていった様子が残っている。「戦後、女子の競技人口が増えていった」と杉田は言う。

共に米国のペギー・フレミング*、ジャネット・リン*らによるアイスショーも華やかで、客も女性が多かったという。

ジャネット・リンは、「銀盤の妖精」「札幌の恋人」などと呼ばれて日本でも大人気だった選手だ。１９７２年札幌五輪で優勝を期待された中で、尻餅をついた。それでも笑顔で滑り切ったことで話題になった。杉田は「自然体

*バーバラ・アン・スコット
1928-2012
カナダ出身。1948年サンモリッツ五輪金メダル。1979年に世界フィギュアスケート殿堂入り。

*ディック・バトン
1929年生まれ。アメリカ出身。1948年サンモリッツ五輪、オスロ五輪共に金メダル。1976年に世界フィギュアスケート殿堂入り。

*ペギー・フレミング
1948年生まれ。アメリカ出身。1968年グルノーブル五輪（女子シングル）金メダル。1966年から世界フィギュアスケート選手権で3連覇。

*ジャネット・リン
1953年生まれ。アメリカ出身。1969年から全米選手権で5連覇を果たす。

で姿勢も奇麗で、次から次へと流れて演技が途切れることがない素晴らしい選手だった。大抵の選手はジャンプの前に『やりますよ』と言わんばかりに身構えて流れが切れる。しかし、ジャネット・リンはジャンプを跳ぶ時に構えて跳ばない。今のエフゲニア・メドベージェワ*、男子で言うと羽生結弦や宇野昌磨のような流れる演技だった」と話す。

その頃から1990年代にかけて、五輪はテレビによる巨大なショーとなっていく。1992年アルベールビル五輪は、テレビ映りの悪いコンパルソリーフィギュア*を廃止。テレビで見栄えがするオリジナル・プログラムと自由演技で争う最初の五輪となった。

コンパルソリーのような正確なスケーティングは、上達するのに時間がかかる。それがなくなったことで、よりジャンプなどの技術への比重が大きくなった。低年齢化に拍車がかかり、ジュニアから上がってきたばかりの選手が、細く軽い体で難しいジャンプを跳んで勝ちやすくなっていった。長野五輪前後に男子は4回転ジャンプ、女子は3回転―3回転の連続ジャンプが必須になっていく。そんな道筋ができた。

＊エフゲニア・メドベージェワ　1999年生まれ。ロシア出身。3歳でスケートを始める。2016〜17年、世界選手権2連覇。2018年平昌五輪銀メダル。

＊コンパルソリーフィギュア　1990年まで男女シングルで行われていた種目。68年まで得点の6割を占めていたが徐々に比重が減り、90年に完全廃止となった。

日本では1877年、札幌農学校に赴任した米国人教師がスケート靴を持参して滑っていたという。そして、氷に図形を描くフィギュアスケートは、それから10年ほど後に広まり始めた。「日本フィギュアスケート発祥の地」は仙台市の五色沼とされている。イギリス人宣教師が子どもたちに教えた。

1922年に長野県内で初のフィギュア競技会が開かれ、1925年には大阪市内に室内リンクが誕生。日本スケート連盟結成後の1932年、レークプラシッド五輪に日本選手が初参加した。

五色沼に立てられた「日本フィギュアスケート発祥の地」と書かれた碑の設立を呼びかけたのは、慶應義塾大学時代のアイスホッケー選手で、造り酒屋などを運営する「勝山企業」の経営者だった。1979年に仙台市内に「勝山スケーティングクラブ」を造った。このクラブは、羽生結弦も一時期所属したクラブだった。

日本フィギュアスケートが世界で認められるまでには、長い時間がかかった。

現役時代、1965年世界選手権で総合4位になった佐藤信夫*はこう振り返る。

＊佐藤信夫（さとう・のぶお）
1942年生まれ。大阪府出身。1960年スコーバレー五輪、1964年インスブルック五輪代表（男子シングル）。妻・久美子と共にトップ選手を数多く指導。

「選手をやめてから、アメリカでテストを受けた。すると現地の指導者たちが、『もう1回、佐藤を試合に出させよう』と言い始め、連盟の人に聞きに行った。そこで言われたことは、『彼がうまいのはわかっている。でもオリンピックのとき、あの（ジャッジの）椅子に座ったら、点は出さないね』という言い方をされた」

自分が五輪でジャッジを務めたとしたら、まだ日本人選手にいい点数をつけるのは難しいという意味だ。他のジャッジも日本人選手に高い点をつけようとしない中で、自分だけ高い点をつけて浮いた存在になるわけにはいかないのだろう。

差別されたと感じたか、という質問に、佐藤はこう答えた。「いや。私自身はそうは感じなかった。ネックになったのは欧州から始まったスポーツで、音楽がついていること。音楽を彼ら（アジア系の選手）はいったいどう解釈しているのか、という疑問を覆していくのに猛烈に時間がかかった」

日本に対する世界のスケート関係者の見る目が変わったのは、１９７７年に東京で初めて世界選手権をやったときだと佐藤は言う。「日本の連盟って組織運営がちゃんとしているじゃない、東京の街を見て、すごいところなんだ、と感じていたようだ」。まだまだ、多くの欧米人にとって、日本は地図の東の果てにある未知の国だった頃だ。

佐藤は、日本が認められている過程を、さらにこう振り返る。

「壁を突き崩すのは、大変ですよ。それはもう間違いないですよ。だって私も、フィリピンから出てきた男子選手を、どんなことするんだろうと思って見ましたから。思い返せば、私が初めてオリンピックに行ったとき、アメリカの新聞記者が『あなたはアメリカのどこで練習したのか』って質問してくるんです。『いや、日本です』って言ったら、『アメリカの先生が日本にいるのか』と。『いや日本の先生だ』って私が言ったら、記者は『そんなばかな』って。私は『そんな失礼な』って思いました（笑）。そういう時代だった。人の持つ感情は時代が変わっても同じなんだなと思う」

「私のコンパルソリーを、他の（海外の）選手が見ていました。選手が、『佐藤の点数が低い、彼が一番うまい』って言って応援してくれたんですけど、ジャッジは知らん顔をしていました。私はそれがフィギュアスケートなんだと思った。だから、今日まで続けられている。そりゃそうです。頭にきていたら、そこでやめています」

「我々の時代は欧米を模倣してきた。自分たちが日本でやってきたことが間違っているのか間違っていないのか、確認してみたいと思ったから、アメリカでテストを受けてみた。『全然問題ないよ』と言われ、日本で習ったことは全部正しかった、良かったと、自信を持って、指導することができた」

そして1977年、世界選手権で佐野稔*が日本で初めてのメダリストになる。1979年に女子の渡部絵美*が銅メダル。それから伊藤みどり*が、1989年世界選手権で日本人初優勝を果たすと、佐藤の娘、有香*が1994年に世界選手権金メダリストになった。その後は、本田武史*、荒川静香*、村主章枝*、安藤美姫*、浅田真央*、髙橋大輔*、羽生結弦、宇野昌磨らが世界トップを争うようになった。

世界の勢力地図は、塗り替えられたのか。佐藤は、それに同意しつつ、こうもつけ加えた。

「そうですね。世界の勢力図が塗り替えられているのは事実です。だからといって、相手を侮ったら、一瞬で変わります。なぜかというと、やっぱり練習環境。そういうところは、全然違うんですよ。寒い国、カナダとかは、すごくちっちゃな町でもリンクが20もある。日本だと、練習するところはな

＊佐野稔（さの・みのる）
1955年生まれ。山梨県出身。1976年インスブルック五輪日本代表（男子シングル）。解説者としても活躍。

＊渡部絵美（わたなべ・えみ）
1959年生まれ。東京都出身。1980年レークプラシッド五輪6位。

＊伊藤みどり
1969年生まれ。愛知県出身。1988年カルガリー五輪5位、1992年アルベールビル五輪銀メダリスト。女子選手として史上初の3回転アクセルを成功させた。

＊佐藤有香（さとう・ゆか）
1973年生まれ。東京都出身。1992年アルベールビル五輪7位、1994年リレハンメル五輪5位。引退後は米国を拠点とし、コーチの道へ。

＊本田武史（ほんだ・たけし）
1981年生まれ。福島県出身。2002年ソルトレイクシティ五輪4位、1998年長野五輪代表。

＊荒川静香（あらかわ・しずか）
1981年生まれ。東京都出身。2006年トリノ五輪金メダル。現在はプロスケーター、解説者として活躍。

＊村主章枝（すぐり・ふみえ）
1980年生まれ。千葉県出身。2002年ソルトレイクシティ五輪5

いって答えるしかない。何か歯車が一つ狂っちゃうと、一瞬にして今の日本の地位はなくなっちゃうでしょう」

世界や日本をとりまく性的少数者とスポーツの課題

「ぼくはゲイ・オリンピアンと呼ばれている。でも次の世代の選手は、ただのオリンピアンと呼ばれることを望む。だって、ぼくらに何も違いはないから」

平昌五輪期間中の2月10日、フィギュアスケート男子米国代表のアダム・リッポンは、練習後の取材エリアでこう訴えた。「人としての権利について、どんな希望を持っているのか」を著者が聞いたときだった。

米ネットメディア「アウトスポーツ」によると、ＬＧＢＴ*を公表して平昌五輪に出た選手は15人。国籍は同性婚を法制化したり、裁判所で認められたりした国の選手ばかりだ。前回ソチ五輪は7人だった。

平昌五輪スピードスケート女子１５００メートルで、自身5個目の冬季五輪金メダルを獲得したオランダのイレイン・ブスト*は、同性パートナーがい

位、2006年トリノ五輪4位。

＊安藤美姫（あんどう・みき）
1987年生まれ。愛知県出身。2006年トリノ五輪代表、2010年バンクーバー五輪5位。女子選手として史上初の4回転ジャンプを成功させた。

＊浅田真央（あさだ・まお）
1990年生まれ。愛知県出身。2010年バンクーバー五輪銀メダル、2014年世界選手権優勝。バンクーバー五輪では女子シングル史上初の3度の3回転アクセルを成功。

＊髙橋大輔（たかはし・だいすけ）
1986年生まれ。岡山県出身。2006年トリノ五輪8位、2010年バンクーバー五輪銅メダル、2014年ソチ五輪6位。引退後はダンサーとしても活躍。

＊ＬＧＢＴ
Lesbian（レズビアン）、Gay（ゲイ）、Bisexual（バイセクシュアル）、Transgender（トランスジェンダー）の頭文字を組み合わせた多様な性を表す言葉。クィア（またはクエスチョニング）を含めて、ＬＧＢＴＱと表現することもある。カナダなどでは先住民が両性の役割を果たしていることから、2-Spirit（両性の魂）を足して「ＬＧＢＴＱ2」と表現されることもある。

ることを公表している。英ガーディアン紙に「スケーターのイレインでなく、ガールフレンドのいるイレインとして知られてきた。それに葛藤してきた」と語った。性的少数者が認められてきている国も、まだ偏見に苦しむ人は少なくない。リッポンは「ロールモデルになりたい」とゲイであることを公表し、五輪に挑んでフィギュアスケート男子で10位になった。「バックグラウンドにかかわらず、ハードワークすれば、望みはかなう」ということを示し、ＳＮＳやメディアを通じて社会と共有した。

「ソチ五輪に出場する選手は法を守るべきだ。私は異性愛こそが正常だと思う」

　２０１３年の８月、モスクワで行われていた陸上世界選手権の女子棒高跳びで優勝したエレーナ・イシンバエワ*（ロシア）が、記者会見でこう発言した。そして、そ

平昌五輪団体戦でフリーの演技をするアダム・リッポン　©朝日新聞社

の年の6月に成立した同性愛宣伝禁止法を守るように呼びかけた。朝日新聞が2013年8月19日の夕刊などで伝えている。

同性愛宣伝禁止法とは、未成年者に対して、公の場でゲイなどの「非伝統的性的指向」を宣伝するような行為を禁止したロシアの法律だ。外国人の違反は、最高で15日間の拘留や国外追放になる可能性があり、2014年12月にあるソチ五輪に参加する同性愛者のスポーツ選手に適応される可能性があるということもささやかれた。

イシンバエワは翌日、「母国語でない英語で答えたため誤解が生じた」と話したが、その発言をきっかけに議論が再燃した。男子800メートル競走で銀メダルを獲得したニック・シモンズ*（米国）は、表彰式後にメダルを同性愛の友人に捧げるとし、「刑務所行きは怖いが、法律には賛成できない」と地元のインターネットメディアに話した。同性愛者のシンボルとして知られる虹色*に爪を彩って登場し、法律に反対の意思を示す選手もいた。

この騒動で、性に関する問題が、五輪・パラリンピックのボイコット運動に発展した。

プーチン大統領は「同性愛者の権利を制限するものではなく、有害なもの

*イレイン・ブスト
1986年生まれ。オランダ出身。2006年トリノ五輪で金（3000メートル）、2010年バンクーバー五輪で金（1500メートル）、2014年ソチ五輪では3000メートルなど2種目で金、3種目で銀メダルを獲得。

*エレーナ・イシンバエワ
1982年生まれ。ロシア出身の陸上競技選手。2004年、2008年の五輪（棒高跳）で金メダル。

*ニック・シモンズ
1983年生まれ。アメリカ出身。2008年北京五輪、2012年ロンドン五輪代表（800メートル競走）。

*多様な性に寛容であった米国の俳優ジュディ・ガーランド歌唱の「虹の彼方に」が起源と言われる。

から子どもたちの健全な発育を守るためだ」などと弁明した。

国際オリンピック委員会（ＩＯＣ）のジャック・ロゲ*第８代会長も、ドイツの新聞のインタビューで、「ＩＯＣはロシアの最高政府機関と、この法律が五輪の訪問者と参加者の権利を侵害することはない、と約束した」と話した。ところが、当時の米国のオバマ大統領やフランスのオランド大統領らがソチ五輪の開会式を欠席した。ＩＯＣのトーマス・バッハ*第９代会長は、「意見の違いがあるなら、選手の背後に隠れたりせず、平和的な直接対話で訴える勇気を持ってほしい」と、開会式を前にそれを批判した。

日本のスポーツ選手やスポーツ界は、この一連の議論から距離を置いていた。

日本にも、性的マイノリティーの選手や指導者はいる。当時、著者は日本人の性的マイノリティーである冬季五輪スポーツ関係者に、このロシアの法律をとりまく状況について匿名を条件に意見を求めたが、断られた。

その関係者は、「これまで、いやな思いしかしてこなかった」と、コメントを拒否した理由を語った。

日本では性的マイノリティーに対して、ステレオタイプな見方が強く残っ

*ジャック・ロゲ
１９４２年生まれ。ベルギー出身。第８代国際オリンピック委員会会長（２００１〜２０１３年）。ヨット競技で夏季五輪の出場経験がある。

*トーマス・バッハ
１９５３年生まれ。旧西ドイツ出身。第９代国際オリンピック委員会会長（２０１３年〜）。１９７６年五輪（フェンシング、フルーレ団体）で金メダル。

ている。例えば、ひげが濃くて声が男性なのに、いわゆる「オネエ言葉」を話す、といった具合だ。揶揄される対象になってしまうため、カミングアウト*する人が少ない。日本に住む性的少数者は、議論を喚起することにも前向きにはなれないのだということを、強く感じさせられた出来事だった。

日本の安倍晋三首相は、北方領土問題を前に進めたいという思いから、開会式に出席した。2014年2月9日の朝日新聞朝刊によると、「歴史的な開会式に出席できたことをうれしく思う。今回が5回目の会談で、日ロ関係に新しい歴史を開くことができた」と、ソチの郊外にあるロシア大統領公邸であったプーチン大統領との首脳会談冒頭で語った。ジェンダー問題を理由に欠席したオバマ大統領やオランド大統領とは違う対応だったが、日本スポーツ界で議論にはならなかった。

2017年夏、カナダ人プロフィギュアスケーターで振付師のジェフリー・バトル*にインタビューした。バトルは、2006年トリノ五輪フィギュアスケート男子銅メダリスト。羽生結弦や本田真凜*の振付師としても知られる。ソチ五輪期間中に同性のパートナーと結婚し、ゲイであることをオープンにしているアスリートの1人でもある。バトルに、スポーツ、フィ

*カミングアウト
同性愛者であることの告白。

*ジェフリー・バトル
1982年生まれ。カナダ出身。2008年世界選手権優勝。引退後はトロント・ゲイ・ホッケークラブに所属。

*本田真凜（ほんだ・まりん）
2001年生まれ。京都府出身。2歳でスケートを始める。2016年世界ジュニアフィギュアスケート選手権で優勝。

ギュアスケートと性的マイノリティーの現状について、状況や意見を聞きたいと思っていた。

バトルは、「ロシアの法律は、とんでもない。人々の基本的人権とその質の追求を否定している」と法律を明確に非難した。

「自分は、ゲイであることをオープンにすることに困難や悲しい出来事は伴わなかった」。両親や友人が、そのことを知っていて、理解があったことが背景にあるという。「多くの憎悪や恐れは、知らないことが根底にある。そういう人は、（性的マイノリティーに）会ったこともないか、それを拒絶しているかだ。どこにでも差別はあるが、より多くの人が声を上げ、考えに触れ、LGBTを知ることで状況は改善してくると思う」。バトルは、互いを理解するように努めること、そのために対話することが重要だということを強調した。

フィギュアスケート界では、性的マイノリティーを公

インタビューに答えるジェフリー・バトル　© 朝日新聞社

表した選手が目立つ。フィギュアスケート男子シングルの元選手で、衣装や動きで美を追究して人気を得た米国のジョニー・ウィアー*は、その中でも有名な選手の１人だ。弁護士のロシア人男性と２０１１年末に結婚した（その後、離婚）。同年に、自伝を発売し、自身が同性愛者であることをカミングアウトしていた。当時、ロイター通信が、「結婚式は夏にやる」とウィアーの声を伝えた。

ウィアーの表現力は、独創性があった。ファッションショーでモデルをしたことも、歌手デビューしたこともある。スケートでは、２００６年トリノ五輪5位、２０１０年バンクーバー五輪6位。全米選手権で3連覇した経験がある実力者だ。世界選手権やグランプリファイナルでも共に銅メダルを獲得した。

日本にも性的マイノリティーを公にしたフィギュアスケート選手がいる。朝日新聞は、２０１６年4月13日の朝刊でその存在を伝えている。書き出しはこうだ。

「男子の演技が始まった。ピンクを基調とした衣装にワイン色のパンツ、リボンをあしらったベルト。長い髪をシュシュで結わい、銀盤で躍動した」

*ジョニー・ウィアー
１９８４年生まれ。アメリカ出身。１９９２年アルベールヴィル五輪金メダルのクリスティ・ヤマグチに興味を持ちスケートを始める。引退後は衣装デザイナーとしても活躍。

2016年冬に盛岡市であった全国高校総体フィギュアスケートに出場した、当時仙台市立仙台大志高校3年生だった田村亮太の記事だった。

記事では、田村について、幼い頃から人形遊びが好きだったこと、小学3年のとき、自身の男性の体に対する違和感に耐え切れず、家族に打ち明けたことなどが書かれている。フィギュアスケートを始めたきっかけが、浅田真央の演技をテレビで見たことだった。田村は浅田について、「うまくて綺麗。ピンクの衣装も印象的だった」と言い、そのトリプルアクセルに憧れて自分も試合で跳びたいと思ったという。

苦労した側面もある。

田村は女子としての出場を望んだが、規定により認められなかった。男性の体格、体力を持つため、女性の中に入れば有利に働くからだ。奇異の目で見られることもあった。ただ、リンクは、自分らしさをめいっぱい表現できる場所だった。祖父が元国体選手で、一緒に浅田らの映像を見て女性選手の

全国高校総体で演技をする
田村亮太　© 朝日新聞社

しなやかな振り付けを追究した。「男子の演技は力強い。でも私は美しさで勝負する。それが自分だから。銀盤では私は女だと思って滑っているんです」。朝日新聞は、田村が高校卒業後も働きながら競技を続ける意思を持っていると伝えた。

同じ記事の中で、国際オリンピック委員会（IOC）が2015年11月、トランスジェンダー*の選手について、性別適合手術を受けていなくても一定の条件下で五輪出場を認めるというガイドラインをまとめ、参加基準の緩和に乗り出したことが伝えられた。従来は性別適合手術後2年を経過していることなどが条件だったが、性的少数者の権利を重視したとしている。

日本国内では、選手登録、出場基準などを巡って模索が続いていた。選手から問い合わせがあり、3年前から議論を重ねている。文部科学省は2015年4月、全国の小中学校に細やかな配慮を求める通知を出した。通知した際に、体育の授業で自分の認識している性別のグループに入れるようにしたり、戸籍上は男性だが心は女性の児童・生徒に上半身が隠れる水着の着用を認めたりする支援事例を別紙で示した。

フィギュアスケートには、性的少数者が多いのだろうか。4回転争いなど

*トランスジェンダー
自身の性認識と身体の性が不一致である人。

今でこそ男子の人気も沸騰しているが、振り返ってみるとやはり女子シングルが男子シングルよりも人気が高く、女性が主役と見られることもある。フィギュアスケートは、男性種目のほうが人気が高い他の多くのスポーツとは違う面がありそうだ。

ジェフリー・バトルは「スケートは個人競技で、クリエーティブなスポーツで、ＬＧＢＴの歴史もより長く、他のスポーツよりも寛容だ」と語る。他のスポーツも、今後は性的マイノリティーに寛容になるだろうという見通しも併せて語ったが、「間違いなく時間がかかる」という。特に、チームスポーツは困難が伴うという見方を示した。

アイスホッケーをプレーした経験があるバトルは「チームメートがどう反応するのか、反発されることへの恐怖がある。性的マイノリティーであることを公開して声を上げるタイミングは、本人の意思を尊重し、委ねるべきだ」と慎重にすべきことについても語った。

安藤美姫らに見る女性アスリートと産み育てる性

フィギュアスケート女子で2007、2011年世界選手権優勝の安藤美姫が、2013年4月に女児を出産した。翌年のソチ冬季五輪を目指して練習を積んでいた7月1日に、そのことをテレビのインタビューで公表した。婚姻届を出さず、結婚時期について相手と話し合っていた。

安藤美姫が現役復帰するのかどうか、スポーツの記者は以前から関心を持っていた。この事実の公表後も、各スポーツ記者はソチ五輪に挑戦する様子を取材して記事にしていた。著者は、インタビューが放映された後、安藤美姫本人や家族ら、近い人から話を聞かせてもらった。

朝日新聞などの一般紙と、週刊誌やワイドショーとは、何が報じる価値があるのかという価値判断や、報道の手法などに違いがあることは十分認識している。しかし、この安藤美姫と娘を巡る一部の週刊誌やワイドショーの報道には非常に驚いた。

一般紙は、父親を明かさないという本人の意向を受け、プライベートな部分の報道を控えた。スポーツ報道、出産して育児をする女性が五輪を目指す様子やその意義についての報道に注力した。

一方で、人気選手の結婚や恋愛は社会の関心事だ。関心事について情報提供することはメディアの役割の一つである。人気選手である安藤美姫の私生活は社会の関心事であり、どこまで報じられ、どこからプライバシーが守られるべきか、立ち位置などで意見は分かれるだろう。有名人の色恋沙汰を取り上げるメディアにもそれなりの役割があると理解できる。しかし、安藤美姫の報道に関しては、その内容に疑問を持つものが少なくなかった。

ある週刊誌は、「まだ結婚しておらず、父親が誰かも明かさないことへの疑問や、子育ても競技も中途半端になるのではないかなどの批判」があるとして「安藤選手の出産を支持しますか？」と公式サイトでアンケートを呼びかけた。結婚しないことや、父親が誰かを明かさないことが、許されないかのようなアンケートだった。これは、抗議が続出して中止になった。しかし、未婚の母であることや、子育てしながら五輪を目指すことなどへのバッシングはやまなかった。

娘の父親が誰かを明かさないことをいいことに、一部メディアは父親予想のような報道を始めた。社会全体が、未婚の母であることを、普通じゃない、あまり良くない状況として見ていることを著者が感じたときだった。

週刊誌などが娘の父親について人物を次々に挙げて報道したその内容は、

あり得ないものだった。

娘の父親が誰なのか。それは、少し取材をすれば察しがつく。本人や近しい人、支援者など、知っている人は多かった。ただ、本人が公には明かさない以上は、最終確認は取りようがない。「この人の可能性もある」「あの人の可能性もなくはない」。そんな「可能性がある」報道をいくらやっても、誤報だと指摘されることはない。それを逆手に、外国人コーチや、有名スケート選手、既婚男性など、名前が知られているか、耳目を集めそうな人物が父親だという「うわさ話」と「予想」が取り沙汰された。

週刊誌やそれを基にするワイドショー以外に、父親の情報はかなり少なかった。情報が少ないと、「うわさ話」や「予想」を世の人は信じてしまうのか、と痛感する出来事もあった。

同僚の他部の記者に、「安藤さんの娘の父親は○○なんでしょ」と聞かれて、「それはあり得ない」と否定したことがある。新聞記者という、情報を扱うプロで、情報リテラシーがかなりある人でも、うわさレベルの記事情報を真実なのかもしれないと受け取ってしまう。週刊誌は、あくまでもうわさ話として取り上げているし、結論としては誰かはわからないという報じ方をしている。しかし臆測や予想情報が繰り返されると、それに引きずられてしまい、それが真実かのように受け取ってしまう人は多い。根拠に基づいた情報が世の中に伝わることの大切さを改めて認識した。

２０１７年10月現在も、インターネット上には、この件に関して真偽不明の「予想」の域を出ない情報がまとめられている。一般紙でも、プライバシーに配慮しつつ、父親のことについて、確かな取材に基づいた情報をある程度提供すべきだったのではないかという後悔を、著者は今でも持っている。

興味本位の一連の報道には、子育てをしながら、社会の中で目標を持ってそれに向かって努力するシングルマザーの女性に対する敬意はない。日本社会が、そのような立場の女性を支えようとしていないどころか、批判的ですらあり、突き放していることの表れのように感じた。

この頃、以前話を聞かせてもらった、子育て中のシングルマザーの悲痛な叫びを思い出した。

四国に住むその女性は、夫の家庭内暴力により離婚した。養育費は支払われていなかった。実の両親にも頼れない女性は、働くためにハローワークに相談した。

　すると対応した職員は「まずはお子さんを預ける先を見つけてからきてください」と言ったという。そこで女性は保育園に相談した。すると保育園の職員は、「仕事をしている方が優先です」。働く先を見つけるために子どもを預ける先を見つけようとしても、先に職に就けという。子どもを預けるために職に就かなければならないという状況でも、先に子どもを預ける場所を見つけろという。

「私はいったいどうすればいいんでしょうか」

　取材させてもらっていた著者は、その女性に逆に質問されて、答えられずに謝った。

　妊娠や出産、子育てをする女性への否定的な態度は至るところにある。朝日新聞では、安藤美姫の状況を踏まえて、その現状を伝えた。妊娠を告げた途端に仕事を次々と外された女性の「仕事で頑張ってから産んでも否定される。キャリアを諦めるまでは産むことを認めてもらえないの？」という言葉、昇格後に上司から「今、産休に入られると困る」と告げられて退職した女性らの声を紹介した。

日本には一つの道を極めることが美徳という考え方がある。日本のスポーツ界は、現役の期間中に競技以外のことで時間を割くことを嫌う傾向がある。氷に乗らない期間が長期間になると感覚が失われると言われているフィギュアスケートでは、その傾向は強い。競技と出産・育児の両立ができるという発想も、持ちようがないというのが現実だ。

浅田真央は2013年4月に、2014年ソチ五輪のシーズンまでで現役を引退することを示唆したことがある。会見ではこう話した。

「今までスケート一本でやってきたので、これから自分の道を切り開いていかなきゃいけない。自分の今後をしっかり考えていかなきゃいけないなと思っている」「(普通の生活への憧れがあるかを問われ)そうですね。スケート靴を持たずに旅行したことがほとんどないので」「いい人と巡り逢っていい家庭を築きたい。将来的にはですよ」

スポーツで結果を残すこと、五輪に出て、さらにメダルを取るということは、誰にでもできることではない。それは素晴らしいことだ。そんなスポーツ選手が、フィールド内だけでなく、フィールド外でもロールモデルとなることができれば、社会の多くの人にいい影響を与えることができるだろう。

「スポーツに集中していない」という誹謗中傷や好奇の目を避けようと、交際を伏せる選手も少なくない。女性選手は、現役中に結婚や育児などはできる状況ではないと考える傾向がある。恋愛や結婚だけでなく、引退後の第二の人生のための準備も、引退後に行うものであって、現役中は練習だけに集中するものだという意識はまだまだ根強い。

選手としてのキャリアの途中に、出産することを選択したり、選手キャリア途中にスポーツ以外のことにも時間を割いたりしやすいような仕組みが必要だ。そろそろ、日本のスポーツ界も「スポーツだけに集中すべきだ」という考えを転換するときだ。

スポーツの世界だけに生きるのではなく、現役中にも家族や友人との生活も充実させ、社会の一員としての地域で何らかの役割を担い、社会貢献活動もする。そんな、良き人生、良き社会人のロールモデルであることを、欧米のスポーツ界は目指そうとしている。トップアスリートの全員が、スポーツ以外の面でも成功できるわけでもないだろうし、できなければだめだというわけではない。ただ、1人でも2人でも、スポーツで成功し、その上、学業や社会活動や私生活も充実させ、その言動で社会をリードしていける、トップ・オブ・トップのアスリートを増やそうとしている。能力のある人間には、スポーツでも成功できるよう導き、学業も並行して行えるように支援し、社会貢献活動や、言葉や態度で周囲を引っ張るリーダーシップも身につけさせようという意識と仕組みがある。

引退後に、別分野で活躍し成功するトップ選手は日本では少ない。やろうとすれば日本のトップアスリートもスポーツとそれ以外のことを並行して充実させられる選手もいるはずだが、周囲の指導者や大人がそうさせようとしてこなかった。引退後のキャリアを想定して学ぶことを支える仕組みが少ないし、社会的な活動を後押しする組織や仕組みも少ない。スポーツ以外のことに時間を割くことに消極的な指導者もいる。

選手としてのピークの年齢が、20歳前後というフィギュアスケートでは、義務教育の学校を休んで練習をする児童が増えていることが指摘され始めている。女子ではピークが10代中盤に訪れる選手もいるので、それ以前に練習に労力を割く傾向が顕著だ。

米国ではトップアスリートが学力レベルの高い大学で引退後のキャリアを見据えて自ら積極的に学ぶ意識と環境がある。選手としてピークを迎える数年間はスポーツに集中したとしても、引退後にそれまでの積み重ねを利用して医師や弁護士、ビジネス分野で成功する選手は多くいる。

日本はようやく、国を挙げて、男女問わず選手引退後のキャリアを現役中から支えるプログラムや、女性アスリートの支援プログラムに力を入れ始めた。トップ選手が、引退後も地域と社会を支える良き社会人のモデルとなる、女性アスリートが働く女性のモデルとなるような動きを加速させていきたい。

女性差別と闘うヒジャブをまとったフィギュアスケーター

偏見や古い慣習を乗り越えていく手段として、スポーツは利用されている。五輪出場を目指すイスラム教国のフィギュアスケーターは、髪の毛を隠すヒジャブ*や脚を隠す衣装をまとい、リンクに立つ。アラブ首長国連邦（UAE）のザーラ・ラリ*は、映画「アイス・プリンセス」が好きで12歳の頃に競技を始めた。最初の3年間は、週に1回の練習だった。そして2012年頃

*ヒジャブ
イスラム教徒の女性が家庭の外で頭部に着用するスカーフ。女性的な部分を隠すべきという教義によるが、対応は国によって異なる。

*ザーラ・ラリ
1995年生まれ。アラブ首長国連邦出身。2015年、レイキャヴィークインターナショナル（アイスランドスケート協会主催）で優勝。

から、もっと本格的な練習をし始めた。「難しかった。最初はいくつものバリアーを越えなければいけなかった」と話す。

イスラム教国では、制限されている女性の活動がある。女性は人前に出ずに家庭にとどまることを求められてきた背景がある。ＵＡＥでも女性がスポーツをすることは珍しく、その上、フィギュアスケートは技術だけでなく芸術面も重要で、腕や脚の動きや姿勢などを見せる、見られるスポーツだ。スカートではなくパンツにし、ヒジャブで髪の毛を覆っていたが、ＳＮＳで批判を受けたこともあった。ラリは「女性がスポーツをすることは珍しく、やってはいけないと考える人もいる」と話す。最初は応援してくれて送り迎えをしてくれた父親からも、一時、「文化的に反対だ。女性はやめたほうがいい」と反対された。しかし、それでも諦めずに続ける彼女の姿を見て、父は「自分が間違えていた」と謝り、クラブを創設したという。

2017年9月のネーベルホルン杯で演技するザーラ・ラリ　©朝日新聞社

２０１７年2月の札幌冬季アジア大会に出場したラリは、挑戦した二つの３回転ジャンプは完全に回転し切れず、２回転半ジャンプでは転倒した。23・31点で24人中19位だった。演技では、紛争で翻弄されて国を追われる難民たちの状況を表現した。衣装に飾りをつけ、服の破れや汚れを表現した。

その際、ＵＡＥのスケートの状況を話してくれた。

ラリは、「今では国は１００％支援してくれている」と話した。自分自身が学校へ出向き、女性アスリートについて、児童・生徒に話す活動もしている。まずは、スポーツをしている女性はいないと思っている子どもの誤解を解くことなのだという。大学生でもあり、環境衛生安全学を学んでいる。トップスケーターは6人だが、後を追う子ども１００人以上がアブダビ唯一のリンクで練習している。ラリは「今大会はとてもいい経験。夢は五輪に出ることです」。ＵＡＥ初の冬季五輪出場に思いをはせた。「憧れは本郷理華さん*で、共にリンクの上に立ててとても光栄です」とも話していた。

髪の毛や全身を覆う衣装は、ジャッジによっては点を低くする対象となったため、「衣装による減点をやめてもらうよう、国際スケート連盟に訴えた」と話していた。今ではスポーツ好きの自国の王族からサポートを受けるよう

*本郷理華（ほんごう・りか）
１９９６年生まれ。宮城県出身。5歳でスケートを始める。２０１３全日本ジュニア選手権優勝、２０１４年ＧＰロステレコム杯（ロシア杯）優勝。

になり、ロシア人コーチを招いた。「バリアーを破ってきた」とラリは話した。

ロシア人女性のコーチは、「誰もやらないことに挑戦したかった」とUAEで指導する理由を語った。ラリについて、「いい人だから、他者を非難しないが、彼女は苦労した」。共に同国初の冬季五輪出場の夢を追う。女性がスポーツをすることへの批判も残る同国で、挑戦する女性が増えている。

ラリは「五輪を目指したい。2018年平昌五輪がだめでも、2022年の北京五輪を目指したい。一歩一歩、はしごを上っていきたい」と2017年2月に語っている。2017年9月、ドイツのオーベルストドルフで平昌五輪最終予選を兼ねて行われたネーベルホルン杯に出た。大舞台でなかなかジャンプが決まらない。3回転にしたかったジャンプが、2回転になったり、1回転になったりした。実力を出し切れず、ショートプログラム（SP）、フリーを滑り切った選手の中では最下位の33位に終わった。五輪出場枠を争う選手の中で6位に入ることが条件だった五輪枠獲得は遠かった。しかし、懸命な姿を見た観客は拍手と歓声で励ましていた。

スポーツは、マイノリティーや困難を抱える人を勇気づけパワーを与えるツールとして、国際的に利用されている。

国際連合には、2004年に「開発と平和のためのスポーツ事務局」（UNOSDP）ワーキンググループが設置され、IOCとの直接の協力関係に変わる2017年まで運用されていた。ホームページでは、「UNOSDPと特別顧問はまた、ミレニアム開発目標のもとに行うジェンダーの平等の助長、HIV／エイズとの闘いなどを含め、開発と平和を前進させるために身体活動を利用することについての認識を高める」と説明されている。さらに、「国連は、スポーツが平和と開発を促し、寛容と相互理解を育む側面に着目してきました。以下の五つのメッセージを通して『スポーツの持つチカラ』を広めています」とし、スポーツは、

①他人に対する尊敬の意と、人々の間の対話を促進します
②子どもと若者が生きるために必要な、術や能力をもたらします
③障害の有無に関わらず、全ての人々の社会への参画を促します
④男女の平等を促進し、女性のエンパワーメントに貢献します
⑤身体の健康のみならず、心の健康を向上させます

と宣言している。

(http://www.unic.or.jp/activities/economic_social_development/social_development/science_culture_communication/sports/un_sports/)

２０１５年3月、ＵＮＯＳＤＰが主催し、宮城県岩沼市であった「ユース・リーダーシップ・キャンプ*」の様子を見に行くと、アフガニスタンやブータンなど17カ国のＮＧＯなどで活動する10～20代の若者たち約30人が参加していた。

このキャンプが目指すのは、国内で抱える課題の解決にスポーツを通じて取り組む活動を長く続ける人材の育成。参加者は、五つのグループに分かれて、それぞれのテーマに応じて手法を議論し、アイデアを発表した。主に、貧困、障害、女性、紛争などの当事者をどう勇気づけていくかを話し合っていた。

あるグループは、「レッツ・ゴー・ガールズ！」と題し、学校に通えない10～14歳の少女をターゲットにした取り組みを発表した。スポーツをプレーし、成功体験を積み上げることで、自分自身に自信を持つこと、女性であることに誇りを持つことを教えたいという。

*ユース・リーダーシップ・キャンプ　開発途上国から若者を招聘し、２０１２年より各国で開催している。

実際にやることとして、サッカーとその練習が挙げられていた。パスやドリブルの練習をし、最後はゲームをする。肝心なのは、その際に、規範とスポーツマンシップを大切にする。それを、普段の生活や人生でも、自ら考えて行動し、他者と協力するように導いていく。

スポーツマンシップとは、自分自身を向上させることや、どうやって試合で力を出せるかという取り組みを全力で楽しむことであり、スポーツができる環境（平和な日常やそれを支えてくれる人、対戦相手、仲間、ルールや審判）を尊重することだ。

スポーツのフィールドでは、相手や仲間が入り組んで体を動かし技術を出そうとする。自分の体を思い通り動かすことも、実は簡単ではない。チームプレーをするだけでもうまくいかないことが多い。対戦相手は、勝とうとして自分たちのチームプレーや策を崩しにくる。スポーツには、失敗や、イライラすることがよく起きる。

そこで、自分の感情や、行動をどうコントロールするかが求められる。難しい状況の中で何かを成し遂げられたら、それは喜びになり、自信になる。スポーツでの経験を、生きていくときにも生かすことができれば、人生でも役立つことがある。イラクから参加した当時21歳のアブドゥラ・アロバイディさんは「スポーツは宗派などと関係なく取り組める。イラクの平和や男女平等の実現につなげたい」と語った。

キャンプは２０１２年に始まり、２０１５年までに20回近く開催された。ＵＮＯＳＤＰのトップで、国連事務総長特別顧問のウィルフリード・レムケ氏は「貧困と不平等を根絶し、社会と個人が豊かになるために最も大事なのは教育だ。チームワークや目標設定、ルール順守などのスポーツの価値観は、途上国社会の変革と平和に必要な要素と適合する」と朝日新聞（２０１５年6月27日）の書面インタビューに答えた。

2章　スポーツから始まる友好

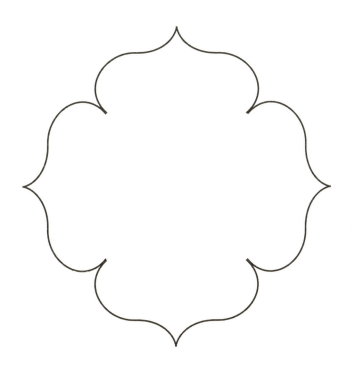

スケートを介した日中韓の深いつながり

日の丸を持った小平奈緒が、ウイニングランの途中で止まる。振り返って、韓国の国旗を持った李相花を抱きしめた。平昌五輪スピードスケート女子５００メートルのレース直後。小平が金メダル、地元の五輪でこの種目五輪３連覇を狙った李相花が銀メダルになった時だった。小平が「(地元開催の)プレッシャーの中で良くやった。尊敬しているよ」と声をかけると、李相花は小平をギュッと抱きしめ返し、うなずきながら、また涙をこぼした。

記者会見で小平は、「私がソウルのワールドカップで初優勝した時、空港までのタクシーを呼んでくれてお金も出してくれた。(敗れて)悔しいはずなのに。人としても選手としても尊敬できる友達」。李相花は「私が勝つと、いつも小平はたたえてくれた。日本に

李相花を抱きしめる小平奈緒
© 朝日新聞社

行くと彼女が面倒を見てくれ、日本食も送ってくれます。五輪前、『北京も目指してる?』と聞くと、奈緒は『あなたが行くなら私も行く』と。楽しそうだな、面白いことを言うと思いました」と話した。

国と国という関係になると、互いの好感度は高いとは言えない。そんな中、2人の国境を越えた友情は日韓両国で好意的に報じられ、スポーツでの良きライバル関係が築くものの尊さを再確認させてくれた。

過去を振り返っても、スポーツ、スケートの関係者は、国交もないような状態のときから交流をして友情を深め、切磋琢磨を続けてきた。

フィギュアスケートのペアが強い中国は平昌五輪に3組が出場。隋文静*、韓聰*組は、技術の高さを見せて銀メダルを獲得した。全ペアを指導するのが、申雪*と組んで2010年バンクーバー大会で中国初のペア五輪金メダルを獲得した趙宏博*コーチだ。その師、姚濱*にルールや技術を教えたのは日本だった。

日本スケート連盟名誉審判の杉田秀男は、1970年代に何度も訪れ、中国フィギュアの土台づくりを助けた。杉田は「中国は交流がなく、出入国も

*隋文静（ウェンジン・スイ）
1995年生まれ。中国出身。2017年世界選手権金メダル（ペア）。

*韓聰（ツォン・ハン）
1992年生まれ。中国出身。2007年に隋文静とペア結成。2010〜12年世界ジュニア選手権3連覇。

*申雪（シェン・シュエ）
1978年生まれ。中国出身。2010年バンクーバー五輪金メダル、2002年ソルトレイクシティ五輪及び2006年トリノ五輪銅メダル（全てペア）。

*趙宏博（ツァオ・ホンボー）
1973年生まれ。1992年に後の妻となる申雪とペアを組む（2007年に結婚）。

*姚濱（ヤオ・ビン）
1957年生まれ。中国出身。1984年サラエボ五輪出場（ペア）。

大変だった。香港が世界大会に出たときは、リンクに円を描くのに両足をついてしまう状態で、審判も困った」。熱心な中国人指導者が日本にノウハウを学び、北京にインドアリンクを作って国内競技会をやり始めたという。「姚濱さんは、3人の世界チャンピオンを育てたいと、意欲的だった」と杉田は振り返る。

フィギュアスケート男子の羽生結弦が小学生だった頃の指導者だった都築章一郎*は、中国フィギュアスケートの発展に尽くした日本人の中の1人だ。

1983年に教え子の無良隆志*がユニバーシアードで優勝したことで、中国側から「コーチをしてくれないか」という要望を受けた。4年間にわたって中国から招待され、そのノウハウを伝えた。隆志は、2017〜2018年シーズンも現役を続けるフィギュアスケート男子の無良崇人*の父であり コーチでもある。

1980年代に中国を訪れたときのことを、都築はこう振り返る。「ペアも、シングルも知らないといった状況でした。コーチは全国に約200人いて、訪問した際は大臣ともお話ししました。日米と比べて技術がなく、吸収

*都築章一郎（つづき・しょういちろう）1938年生まれ。愛知県出身。1959年全日本ジュニア選手権優勝。大学卒業と共に引退し指導者へ。佐野稔を初め、トップスケーターを数多く指導。

*無良隆志（むら・たかし）1960年生まれ。鳥取県出身。1980年全日本フィギュアスケート選手権（ペア）優勝。引退後にコーチとなる。

*無良崇人（むら・たかひと）1991年生まれ。千葉県出身。3歳でスケートを始める。2014年四大陸選手権優勝。高い3回転アクセルに定評がある。

しようという意欲にあふれていました。その頃、私が教えていた千葉県松戸市に、シングルの男子3人、女子2人の選手がきて指導しました」

都築は、日本スケート史に残る選手や指導者を育てている、日本スケート界の今を作った重鎮だ。今活躍している選手やコーチの指導者をたどっていくと、その多くは都築が関わっている。

今や世界をリードするフィギュアスケーターとなった羽生結弦は、小学3年頃から6年頃まで仙台で都築の指導を受けた。都築はその後、横浜市のリンクを指導の拠点とするようになったため、羽生との接点は少なくなったが、2011年の東日本大震災で仙台市のリンクが一時閉鎖になったとき、羽生を受け入れて共に練習した。珍しく「スケートを続けてもいいのかな」と弱音を口にした羽生を、都築は励ました。

都築は、1977年世界選手権男子銅メダルの佐野稔、1981年世界選手権4位の五十嵐文男*らを育てた。

日本大学スケート部の監督だった頃、同部にいて佐藤信夫の指導を受けていたのが中野園子*だった。中野は、兵庫県内で三原舞依*と坂本花織*らのコーチをしている。

*五十嵐文男（いがらし・ふみお）
1958年生まれ。東京都出身。1980年レークプラシッド五輪日本代表（男子シングル）。1979～81年全日本選手権3連勝。

*中野園子（なかの・そのこ）
1952年生まれ。兵庫県出身。学生時代に女子シングル選手として活躍後、指導者へ。「まずは自分に勝つこと。それから、自分を好きになること」を大切にして指導する。

*三原舞依（みはら・まい）
1999年生まれ。兵庫県出身。8歳でスケートを始める。若年性特発性関節炎を乗り越え、2017年四大陸選手権で優勝。

*坂本花織（さかもと・かおり）
2000年生まれ。兵庫県出身。4歳でスケートを始める。2017年スケートアメリカ、全日本選手権共に2位。2018年平昌五輪6位。

現役時代にペアの選手だった長久保裕*も、都築の教え子だ。長久保は、荒川静香、本田武史、鈴木明子*、本郷理華らの指導者としても知られる。宮原知子*、本田真凜を指導する、長野五輪代表の田村岳斗*のコーチも長久保だ。

2010年から引退まで浅田真央のコーチを務めた佐藤信夫も、中国の指導者育成に尽力した。国際スケート連盟は90年代から、アジアやオセアニアの国々へフィギュアスケートの普及を本格化し、佐藤は2度、中国の指導を担当した。

佐藤は「みんな若いコーチたちで、国から強化を命じられているようでした。かみつかれるんじゃないかと思うくらいの勢いで質問攻めにあいました」と振り返る。

佐藤の指導の特長は、スケーティングの技術を重視することだ。どのように体を使い、どのように足を動かし、体重移動すればスケートが滑るのか、あまり力を入れていないように見えるのにスーッと流れてスピードに乗っていくスケートが理想だ。ジャンプを跳ぶ際も、そのスケーティング技術を利用して跳ぶことを大切にする。スピードに乗ってエッジを倒してカーブに入り、その勢いを利用して跳び上がる。そしてその瞬間、空中でコマの軸にあ

*長久保裕（ながくぼ・ひろし）
1946年生まれ。山梨県出身。1972年札幌五輪代表（ペア）。トップスケーターを数多く指導。

*鈴木明子（すずき・あきこ）
1985年生まれ。愛知県出身。6歳でスケートを始める。摂食障害を乗り越え、2010年バンクーバー五輪、2014年ソチ五輪共に8位。

*宮原知子（みやはら・さとこ）
1998年生まれ。京都府出身。4歳でスケートを始める。2014〜17年、全日本フィギュアスケート選手権4回連続優勝。2018年平昌五輪4位。

*田村岳斗（たむら・やまと）
1979年生まれ。青森県出身。1997年、2003年全日本選手権優勝。現在は濱田美栄コーチのもとでトップ選手を指導している。

たる回転軸の中心に手足を引き寄せる「締める」と言われる動作をすれば、自然と回転していくという考えだ。

佐藤は中国で、このカーブを描く勢いを利用して回転するジャンプを教えた。これが、2014年ソチ五輪での中国選手の活躍につながった。日本の町田樹*、髙橋大輔に次ぐ7位に、当時から佐藤が目をかけていた閻涵*が入賞した。佐藤が閻涵に直接指導することは少なかったが、その女性コーチが講習会に参加していた。佐藤は意見交換をした際に、その女性コーチから、まだ幼い閻涵について意見を求められたという。そのとき佐藤は、「将来が楽しみですね」と女性コーチに伝えた。

中国初の五輪メダリストは、女子の陳露*だった。1994年リレハンメル五輪で銅メダルを獲得し、中国史上初の世界選手権チャンピオンにもなった。そして、アクロバティックな技が求められ、練習でリンクの広いスペースをとって男女が共に力を磨く必要があるペアで、中国勢が頭角を現す。2002年のソルトレークシティー五輪では、申雪、趙宏博組が銅メダル。そして、2010年バンクーバー五輪では中国悲願の金メダルを獲得した。

＊町田樹（まちだ・たつき）
1990年生まれ。神奈川県出身。2014年ソチ五輪5位、2014年世界選手権2位。引退後はアイスショーなど独自の世界観で魅了。

＊閻涵（イェン・ハン）
1996年生まれ。中国出身。5歳でスケートを始める。2012年世界ジュニア選手権優勝。2014年ソチ五輪7位。

＊陳露（チェン・ルー）
1976年生まれ。中国出身。1992年アルベールビル五輪6位、1994年リレハンメル五輪、1998年長野五輪共に銅メダル。

自国第一主義や移民や、人種の違う人を差別する排外的な空気が国際社会で広がりを見せている。相手の立場を理解しない、知ろうともせずに非難の応酬が繰り広げられ、同じ国や地域、社会に生きる人同士が分断されていく。

スポーツは、人種や宗教、主義や考え方の違いをひとまず脇に置いて、共に楽しむことができるツールだ。ポジティブなイメージもあり、壁を越える役割を果たすこともある。

政治関係ではぎくしゃくする日本と東アジアの国も、スポーツ界はオープンであることに努め、交流を続けてきた。冬季スポーツは過去、アジアの中で日本が強く、リーダー的な存在だった。その背中を追いかける韓国や中国は、日本と交流を続けて強くなってきた。日本のスポーツ関係者も、両国の冬のスポーツの発展に惜しみなく力を貸してきた。

そして今度は、日本以上の実力を持つようになった国のスポーツの関係者が、日本の選手強化に力を貸すようになっている。氷上のスポーツの関係者同士は、国の壁を越えた深いつながりを保っている。

バンクーバー五輪で金メダルを獲得した金妍兒*は、韓国で最も成功した

*金妍兒（キム・ヨナ）
1990年生まれ。韓国出身。5歳でスケートを始める。2010年バンクーバー五輪金メダル、2014年ソチ五輪銀メダル。

フィギュアスケーターで、世界でもその名が知られる。そのコーチ、申恵淑*は日本でフィギュアスケートを習い、その基礎を今も大切にしている。

申恵淑は、小学生だった金妍兒を指導した。金妍兒はその後、カナダのトロント・クリケット・スケーティング＆カーリング・クラブに移籍し、2010年バンクーバー五輪で金メダルを獲得した。金妍兒が2012年に復帰してから2014年ソチ五輪で銀メダルを獲得するまでの間も、申はそのコーチを務めた。

申は1973年、在日韓国人選手の紹介で、来日した。申は「韓国のリンクは、水をまいて作った氷でした。技術的指導ができるコーチもいなかったのです」と話す。リンクは一つだけで、製氷機もなかったという。スケートは、欧州や米国が本場だったが、遠くに娘を行かせたくないという親の意向もあって、日本をスケートの留学先に選んだ。当時の日本と韓国は、1965年に国交を回復したばかりだった。スポーツ交流も盛んとは言えない時代だ。

現在は日本語の流暢な申が、「先生、先生」と言って慕うのが、札幌五輪日本代表で、明治神宮外苑フィギュアスケートクラブのコーチでもある樋口

*申恵淑（シン・ヘスク）　1957年生まれ。韓国出身。1980年レークプラシッド五輪に韓国代表として出場。

豊*だ。ソチ五輪の余韻が残る2014年3月、世界選手権があったさいたま市の会場では、2人は申の息子も交えて記念撮影をした。樋口はよくソウルを訪れている。2017年夏もソウルを訪れた。教え子と共にソウルへ行き、申のクラブ生と一緒に練習をするのが毎年の恒例行事のようでもある。

樋口は申を受け入れた1973年当時を「日本人の韓国人に対する差別感情の深さを感じました」と振り返る。それでも、申を含む韓国人4人の指導を快く引き受けた。自身もカナダに留学した際、カナダ人のスケート仲間の親切が身にしみた。「街中では『ジャップ』と呼ばれたけど、選手や指導者は温かかった。だから、韓国選手にも寂しい思いをさせないよう、家に招いて一緒に食事をしました」と話す。カナダ・トロントの留学先というのが、金妍兒が一時所属し、現在、羽生結弦が所属するトロント・クリケット・スケーティング&カーリング・クラブだ。

申は「私は、日本で全てのジャンプの跳び方を学びまし

韓国合宿で選手と記念撮影した樋口コーチ（後列左）と申恵淑コーチ(中央左)
©朝日新聞社

た」と話す。8年間、日本でたたき込まれた基礎は、金が小学5年の頃に3回転ジャンプを教える上で大いに役だったという。「最初は転ぶし怖いが、スピードと飛距離を出して真っすぐジャンプするよう指導しました」。金姸兒の得点源と言えば、スピードに乗ったまま跳び、高さも幅も出る3回転―3回転の連続ジャンプ。金はソチ五輪でも、高さのある3回転の連続ジャンプを決め、銀メダルを獲得した。

スピードスケートやショートトラックでは、日本のノウハウを学んだ韓国が、日本を上回るスケート強国へと発展した。すると、今度は日本が韓国に学ぶという、逆転現象も起きた。

ソチ五輪まで大韓氷上競技連盟副会長だった全明奎《ジュンミョンキュ》は「日本からの恩は忘れません。協力の要請があれば、いつでも応じます」と話した。

全の話によると。ショートトラックが韓国に紹介されたのは1980年代前半。山梨学院大学の選手4人が韓国を訪れ、東大門のアイスリンクでデモンストレーションをしたという。その数年後、日本人として初めて世界選手権で金メダルを取った戸田博司*が訪韓した。韓国はその頃、世界選手権に初

*樋口豊（ひぐち・ゆたか）
1949年生まれ。東京都出身。1968年グルノーブル五輪、1972年札幌五輪代表（男子シングル）。コーチ、解説者として活躍。

*戸田博司（とだ・ひろし）
1979年ショートトラック世界選手権で日本人初の金メダル。1988年カルガリー五輪などでコーチ。

出場し、惨敗していた。一方、日本にとってショートトラックは常にメダルを取れる「お家芸」だった。コーチを引き受けた2週間のことを、戸田は朝日新聞の記事（1997年3月26日長野県版）で「あまりに真剣に取り組んでいるので、2週間の滞在中に日本で実践している一年間の練習メニューを全部教え込んだ」と語っている。

また、全は現役選手だった頃、スケートを習いに日本を訪れ、日本大学などの選手と共に汗を流した。全は、「かつては日本の選手はつらい練習をしていて驚いた。日大の選手と練習したが、すごいつらいのに監督はそれでも『根性がない』と言っていた」と笑う。今も日本語を理解し、話すことができる。

その後、韓国がショートトラックやスピードスケートでメダルを量産するようになった。すると、2014年ソチ五輪の数年前から、韓国は日本人選手を合宿に受け入れるようになった。日本のショートトラックを引っ張る坂爪亮介*は韓国で実力をつけ、ソチ、平昌五輪への出場を果たした選手の1人だ。

なぜ、韓国がここまで強くなったのか、バンクーバー五輪やソチ五輪の頃

*坂爪亮介（さかづめ・りょうすけ）1990年生まれ。群馬県出身。2012年全日本ショートトラック選手権大会総合優勝。2014年ソチ五輪、2018年平昌五輪出場。

に、日本のショートトラックのコーチがその秘密を探ったことがある。その過程で、韓国チームの練習を見て驚いた。日本が昔行っていた地道な練習を、今も続けていたのだという。

例えば、陸上で、腰やひざや足首を折り曲げて低い姿勢を作り、片足のまま何分も耐え続けるといった練習だ。「根性練（習）」と言われ、古い非科学的な練習方法だとされて現代スポーツではあまり行われない。練習内容を工夫し、マンネリ化を防ぎ、選手が少しでも楽しくモチベーションを高くして練習に取り組めるような内容で、選手の自ら頑張る力を引き出すことが、現代の指導では求められる。そうでなければ、選手はそのスポーツを選択しないからだ。しかし、韓国は、つまらなくてきつい練習を、つい最近まで続けていた。

全明奎は「日中韓で交流を深めて一緒に競争力を高めたい」と話す。欧米勢に勝つためには、身近に切磋琢磨する相手が必要だ。また、体が大きい欧米選手に有利なルール変更を阻むためにも、アジア勢の団結が欠かせないという認識を持っている。

中国スケート協会のフィギュア主任を務めた楊東《ヤンドン》は、「中国と日本が政治的に緊張しても、スケート界の関係は良好です。アジアスケート連盟を盛り上げるため、互いに協力を強めるべきです」と話す。今、東南アジアや南アジア、西アジアでもスケート人口が増えている。日中韓3カ国は、アジアのスケート界の底上げに向け、共に踏み出そうとしている。

チームプレーや細かいテクニックが得意な日本は、アイスホッケーでは今も中韓に勝っているが、韓国の追い上げは激しく、日本、韓国、中国、サハリンのチームで作られているアジアリーグでは、韓国のクラブが優勝するようになった。中国唯一のクラブとして参加していたチャイナドラゴンも、日本を含めた海外選手を招き入れ、2022年北京冬季五輪に向けて強化を急いでいる。リーグで1勝もできない時期があったが、年数試合勝利を収めるようになった。

同じ国籍や同じ地域、同じアイデンティティーを持つということで、その選手やチームを応援するというケースが、スポーツでは多かった。しかし今では、選手は国籍に関係なく他国のファンに愛され、その態度や振る舞いによって称賛を集める。

フィギュアスケートの羽生結弦は、日本人ファンのみならず、世界中にそのファンがいる。中でも、中国人ファンは多い。韓国人のファンも少なくない。羽生が育った仙台市のアイスリンク仙台には、「聖地巡礼」のように、ファンが多く訪れている。その中には、中国や韓国からきたと見られるファンも少なくないという。

スポーツ選手は、優秀な国際親善大使だと言われることがある。著者が取材で海外を訪れた際、現地の人に日本人であることを明かすと、サッカー日本代表で欧州などの名門クラブで活躍している本田圭佑*、香川真司*の名前を言い、「いい選手だ。好きな選手だよ」などと話が弾むことがある。好きな日本人に、タレントの名前を挙げる外国人も多いし、アニメを通じて親日家になった外国人も多いが、好きなスポーツ選手の名前に日本人を挙げる人もいる。

ショートトラックの選手だった桜井美馬*が、国際大会で転倒し、韓国人選手を巻き込んだことがあった。それを巡る韓国メディアの報道の話を、関係

＊本田圭佑（ほんだ・けいすけ）1986年生まれ。大阪府出身。名古屋グランパス（2005〜07）を経て2008年より海外リーグで活躍。2017年よりメキシコCFパチューカ所属。

＊香川真司（かがわ・しんじ）1989年生まれ。兵庫県出身。セレッソ大阪（2006〜10）を経て2010年より海外リーグで活躍。2014年よりドイツボルシア・ドルトムント所属。

＊桜井美馬（さくらい・びば）1989年生まれ。大阪府出身。6歳でショートトラックを始める。2010年バンクーバー五輪、2014年ソチ五輪代表。

者から聞いたことがある。「素晴らしい態度」と褒めるものだったそうだ。

ショートトラックでは、位置取りが勝敗を分けるので、他の選手と選手の間に半ば強引に自分の体をねじ込むことがレースでよくある。関係者の話によると、桜井は競り合いの中で転倒してしまった。転んだ桜井に引っかかって、韓国人選手も転倒してしまったという。レース後、桜井はその韓国人選手に駆け寄って、巻き込んでしまったことに対して申し訳ないという気持ちを伝え、互いの健闘をたたえ合った。韓国メディアは、「礼儀正しい日本人」としてその様子を好意的に報じたという。

ただ、選手やファンの行動が、逆に残念な事態に発展することもある。サッカーでは、選手同士や、ファンから選手に対する人種差別的な発言がなくならない。試合で興奮して暴力的な態度を示した選手の影響を受け、ファン同士の暴行事件に発展することもある。

立場によって意見が分かれることについて、敵対心を助長するような政治的メッセージをスタジアムで掲げ、国際問題に発展した選手の例もある。スポーツとその選手は影響力が大きいだけに、相手の立場を理解し、互いを尊重する意識を持つことは欠かせない。指導者は、そんな意識を持つ選手を育てることが大切だ。

日本フィギュアスケートを支えた旧ソ連との交流

その傑出した才能と努力で、羽生結弦は世界の男子フィギュアスケートのレベルを引き上げてきた。

フィギュアスケート男子では、1952年オスロ大会でディック・バトン*（米）が連覇を達成して以来、2014年ソチ大会まで五輪を連覇した選手は出ていない。羽生は2017～18年の平昌五輪シーズン、五輪連覇を達成した。世界をリードし、世界フィギュア界の歴史的な挑戦をするようなフィギュアスケーターを日本が輩出するとは、十数年前までは想像することは難しかった。多くの先人や関係者が力を尽くし、夢のバトンを引き継いできたことが、日本フィギュアスケートの今につながった。

中でも、冷戦下のソ連時代から続くロシアとの交流は、今の日本フィギュアスケート界発展に大きく影響した。

＊ディック・バトン
1929年生まれ。アメリカ出身。1948年サンモリッツ五輪（当時最年少メダリスト）、1952年オスロ五輪男子シングル金メダル。

小学生の頃、フィギュアスケートの練習がいやだと思うことが何度もあったという羽生は、「怒られてばっかりで、スケートをやめようと何回も思ったくらいだった。何でこんな厳しいことやってるんだろうって思うくらいだった」と話す。しかし、そんな中でも生き生きと練習したのがソ連流の練習だった。

都築章一郎はその頃の羽生の様子をこう語る。

「練習量は他の選手の3分の1。自分の練習をさっさとこなすと、外でボール投げをしていました。じっとしていない子で、私の股の間をくるくるくぐって。一つ上の男の子にちょっかいを出して、追いかけっこして、突き飛ばされて。練習は計画通りいかず、いかに集中させるかに苦労しました。『プレゼンテーション』っていう練習をやるんです。音を表現して、音を滑る、自由に滑らせる練習が毎週1回あるんですよ。羽生は、そういう時間は大いに楽しんでいましたね。もう自由に、非常に、好きで。特にジャズがすごく好きで、その練習をやると、喜んで、とびはねてやっていました。人が変わったように生き生きと演技しました。羽生は自分がやりたいと思うと力を発揮する。こういう風に踊ろう滑ろうという『自分はこう』というものを持っています。教えるのではなく、子ども自身が感じる。感性を大切にできる環境や仕組みが大切と感じたときでした」

この「プレゼンテーション」は、都築が芸術性の高いソ連のフィギュアスケートに憧れ、その指導者と交流して採り入れた練習だった。「荒川（静香）とか、鈴木（明子）とか、羽生たちも一緒に全員でやる。楽しみながら演技する。ジャンプではなく、演技をして、音の表現をすることの勉強会のようなものです。羽生は小さいときからそういう環境があったので、そういう（音を表現する）ものが芽生えたと感じます。世界に適応できる環境があった。私はロシアで音楽を表現する重要さを知り、ロシアからコーチを呼び、音楽を自由に表現する練習を採り入れました」

全身を使って音楽を自由に表現するソ連流の練習をしながら育った羽生。金メダルに輝いたソチ五輪の前に、こんな意識を語っている。

「フィギュアスケートってすごい特別なんで

都築章一郎と小学生時代の羽生結弦
（都築章一郎さん提供）

すよね。ジャンプを跳べばいいかっていうとそうじゃなくて、ジャンプを跳んでも表現力がなければ上には上がれない。かといって表現力だけでもだめ。多くのお客さんに見てもらえる競技だし、それを見てもらってアイスショーというものもできる競技でもありますし。他のスポーツとは違うなと思います。ジャンプを跳ぶ、体力を限界まで使う、そんな競技であると共に、やっぱりアーティストとして芸術家としてしっかり見せられる雰囲気というか、自分の気持ちを込めて演技するとか、そういうものも必要」

高い技術と身体能力が要求されるアスリートであり、人の心を揺さぶる芸術家でなくてはいけない。フィギュアスケートは、そのどちらかだけでは、もはや世界の上位に行けないスポーツになっている。

3回転ジャンプが武器で、1977年世界選手権で日本選手初のメダリストとなる銅メダルに輝いた佐野稔、女子選手で世界で初めてトリプルアクセル（3回転半）ジャンプや3回転―3回転の連続ジャンプに成功し、1989年に世界選手権金メダルを獲得した伊藤みどり。ジャンプでは世界の最高レベルに達した日本だが、表現という面ではソ連や米国に後れを取っていた。そこで、小学校時代の羽生に「芸術家になれ」と言い続けてきたのが都築だった。

都築は1969年、日本が初めて招待されたモスクワ国際大会にペアで出場した長久保裕のコーチとして、モスクワに滞在した。都築はその頃、ジャンプを跳ばせることしか頭になかったという。そんな都築にとって、助走で踊りながらジャンプを跳ぶソ連の選手や、リンクに併設されたクラシックバレエの練習場は衝撃的だった。都築は「フィギュアスケートをソ連が変えた。演技にドラマを加えた。ソ連のコーチに、日本で直接指導させたい」とそのモスクワ滞在がきっかけで考えるようになった。

その夢は、20年かけて1989年に実現した。名門クラブで選手育成方法を確立したビクトル・ルイシキン*を、自身が運営する千葉県松戸市のリンクの従業員として迎えたのだ。就労ビザを取得するのに、6カ月かかった。

毎年春と冬に1カ月ずつ、夏に2カ月。滞在費などは夏だけで約300万円になった。ルイシキンは音楽表現の指導に優れていた。恥ずかしがる日本の選手に、「船乗りとその妻を想像して」。出航前日の夜、その切ない思いを表して」と声をかけて、背中を押した。ルイシキンの指導を受けるた

＊ビクトル・ルイシキン　1937年生まれ。旧ソ連出身。1964〜66年までソ連国内選手権3連覇（アイスダンス）。日本では伊藤みどり、横谷花絵などを指導した。

め、伊藤みどりとコーチの山田満知子*も名古屋から通った。伊藤はその後、1992年アルベールビル冬季五輪で銀メダルに輝いた。

1992年に始まった日本スケート連盟の有望新人発掘合宿。その合宿1期生には、後に2006年トリノ五輪で金メダルに輝く荒川静香がいた。ルイシキンは、その有望新人発掘合宿でも、指導をしたことがある。

都築の娘、奈加子*はルイシキンに習い、そしてアイスダンス選手として日本人で初めて、「金メダルメーカー」タチアナ・タラソワ*の指導を受けるようになった。ロシアの名指導者のタラソワは選手時代、ルイシキンの教え子だった。その後タラソワは、五輪金メダルを取れるようにと荒川を指導し、さらに浅田真央の指導や振り付けをした。荒川はタラソワの指導を受けた後、トリノ五輪で金メダルに輝いた。浅田は2010年バンクーバー五輪で銀メダルを獲得した。タラソワは、日本人メダリストの大成に関わった、ロシアフィギュアスケート界の大物として知られている。

「タチアナさん、私たちを見てほしい」

1999年、ロシアのコーチ、タチアナ・タラソワに、奈加子は電話して直訴した。受話器を握るその手は震えていた。奈加子は、世界一を経験した

*山田満知子
1943年生まれ。愛知県出身。伊藤みどり、浅田真央、村上佳菜子、宇野昌磨らを育てた名コーチ。世界的レベルの指導力は樋口美穂子コーチに受け継がれている。

*都築奈加子（つづき・なかこ）
1975年生まれ。東京都出身。振付師として活躍する宮本賢二らとカップルを組みアイスダンス選手として活躍した。

*タチアナ・タラソワ
1947年生まれ。旧ソ連出身。ペア選手として活躍後、19歳でコーチの道へ。2014年ソチ五輪の浅田真央のフリー（ラフマニノフのピアノ協奏曲第2番）など、振付師としても活躍。

カップルに「いいコーチだよ」とタラソワのことを薦められていた。奈加子は「断られるのは覚悟の上だった」と言うが、タラソワは「あなたたちは綺麗なカップル。私のところにおいで」と快諾した。タラソワの師だったビクトル・ルイシキンを、父が何度も日本に呼び、奈加子は滑りの基礎を習っていた。それが、タラソワのお眼鏡にかなったのかもしれない。奈加子はその後、2000年世界選手権で18位になった。

2000年、タラソワが日本であった大会後にこんなことを言っていたのを奈加子は覚えている。「日本のちびちゃんで、ずば抜けてすごい子がいる」。当時小学生の浅田真央のことだった。タラソワはその後、2004年に荒川静香を、2008年に浅田を指導することになった。

都築の指導を受けた長久保裕も、ロシアの指導法

1991年、ルイシキンコーチ（左）の指導を受ける伊藤みどり（都築章一郎さん提供）。
ルイシキンは「床の上の踊りを氷上でもできるように」と伝えた。

を採り入れて自分の指導法を確立したコーチの1人だ。その後、荒川や、世界選手権銅メダリストの本田武史、2010年バンクーバー五輪と2014年ソチ五輪でいずれも8位入賞の鈴木明子らを育成した。

長久保は、1969年のモスクワ国際にペアの選手として出場した。大会期間中、クレムリン城壁の北東に広がる赤の広場で銃剣を突きつけられたという。「練習していたら、あっちへ行けと追い立てられてね」と長久保は苦笑いしながら振り返る。ホテル近くで体を動かせそうな場所が赤の広場だった。

長久保は大会後に2週間、ソ連のコーチに体重移動や2人でスケーティングをそろえる練習法などを学んだ。「見るもの聞くもの、全てが新しかった」という。選手を引退した後、ソ連人コーチが書いた指導本で学んだ。「体、手、足をどう使ってスケートをするのかという基礎は今でも生きている。ぼくの手本です」。定評があるジャンプの指導の基礎は、こうして培われ、数々の名選手を育てていった。

日本を強くしたソ連との交流は、他にもある。1976年に日本初の国際エキシビション「日ソ親善フィギュアスケート大会」が愛知県で行われた。「見た！　酔った！　氷上の芸術」。その大会を共催した中日新聞は同年11月9日付朝刊で第1回の様子を報じた。アイスダンスで世界選手権6度優勝のリュドミラ・パホモワ*、アレクサンドル・ゴルシコフ*組らが演技を披露した。1977年は7500人の観客を集め、1978年はソ連のペアがスロー4回転ジャンプに成功したという。男性の補助で女性が跳ぶ大技で、今でも4回転ジャンプは難しい技の一つだ。この大会には、日本からは当時小学生の伊藤みどりらが参加した。

大会実行委員長で、元日本スケート連盟フィギュア委員長の鈴木利夫は「ソ連連盟のワレンチン・ピセエフに頼んで全てが決まった」と振り返る。そのピセエフとのパイプ役として日ソの関係を良くした人物は、2010年バンクーバー五輪8位入賞の小塚崇彦*の祖父で、2011年に95歳で亡くなった光彦*だった。戦前、旧満州で習得したロシア語で、1960〜1970年代に審判として参加したモスクワの大会で出会った実力者ピセエフと良い関係を築いていた。ピセエフはロシア・フィギュアスケート連盟の会長にもなった人物だ。

*リュドミラ・パホモワ
1946年生まれ。旧ソ連出身。1976年インスブルック五輪金メダル、世界フィギュア選手権優勝6回（共にアイスダンス）。

*アレクサンドル・ゴルシコフ
1946年生まれ。旧ソ連出身。1966年に後の妻となるパホモワ（1970年に結婚）とカップルを組み活躍。

*小塚崇彦（こづか・たかひこ）
1989年生まれ。愛知県出身。2010年バンクーバー五輪8位、2011年世界選手権2位。スケーティング技術は世界最高峰。

*小塚光彦（こづか・みつひこ）
1916〜2011
愛知県出身。1940年札幌五輪出場を目指していたが戦争により中止。満州から引き上げ後、愛知にスケート連盟を創設した。愛知がスケート王国となる立役者。

ソ連は、世界選手権のペアで65年から14連覇、アイスダンスは70年から10連覇した。クラシックバレエのような芸術性の高いフィギュアスケートを誇っていた。鈴木は「日本と雲泥の差。技術を教わり、盗みたかった」。そんなトップ選手をソ連から呼び、エキシビション「日ソ親善フィギュアスケート大会」を開催した。1976年は、1972年の札幌冬季五輪の4年後だ。とはいえ、「世界的な選手がよくきたな」と驚かれた。

ソ連の選手が積極的に来日したのには理由があった。日本の電化製品の質の高さだ。

来日すると、鈴木の案内で、東京・秋葉原で電化製品を買いあさった。近くにあった鈴木の自宅を拠点に、秋葉原に通ったという。編曲機器のある音楽スタジオにも通った。メンバーの中には、浅田真央を後に指導し振り付けをするタチアナ・タラソワもいた。毎年大量のレコードを持参して競技用に編曲し、カセットテープに録音して帰国していった。タラソワはこの大会を通じて親日感情を抱いていった。

1978年まで行われた日ソフィギュアは、現在のグランプリ（GP）シリーズのNHK杯へと発展した。今、日本は五輪や世界選手権で表彰台争いの常連となった。鈴木は「日本のフィギュアが発展したのは、ソ連のおかげ」と言い切った。

オシムのサッカー哲学から学ぶ民族融和

「人殺し」

互いのことを、そう呼び合うほど対立した民族に、スポーツを通じて融和を推し進めた日本人がいる。森田太郎。ボシュニャク人、セルビア人、クロアチア人が戦い、約20万人が犠牲になったとも言われる紛争終息から約4年後、ボスニア・ヘルツェゴビナに渡った。対立感情が強く残る3民族の混成少年サッカーチームをあえて作って、民族間の融和に努めた。

1999年、当時大学生だった森田は、復興支援のボランティアとして同国の首都サラエボを訪れた。3民族は、住む地域を民族ごとに分けて暮らしていた。

ボランティアの傍ら、サラエボの郊外で子どもたちとサッカーをして遊ぶことがあった。ボールを追いかけ、はしゃぐ子どもたちの笑顔は、民族の対立感情を忘れさせるものがある。クラブチームを立ち上げることを思い立ち、翌年、3民族混成の子どものクラブチーム「クリロ（翼）」を融和目的で設立した。

各家庭を訪問し、子どもたちを誘ったときのことを森田は鮮明に覚えている。「親を亡くした子がたくさんいた」。大量虐殺があったスレブレニチャ出身のファルクは、「父さんはいなくなった」という表現を使った。クリロ立ち上げ当初、セルビア系住民の居住地での練習場に向かおうとした日、ボシュニャク系のアーディスは「殺し屋のところには行かない」と反発した。「ぼくのお父さんはセルビア人に殺された」と言われたり、親から「息子を人殺しのところには行かせられない」と言われたりした。自宅に通って、親も子どもたちも説得し、ようやくクラブに入ってもらうこともあった。

ボスニア・ヘルツェゴビナ紛争は、1992年に始まった。スロベニア、クロアチア、セルビア、ボスニア・ヘルツェゴビナ、モンテネグロ、マケドニアの六つの共和国で構成されていた旧ユーゴスラビア。その一つだったボスニア・ヘルツェゴビナで、ボシュニャク人とクロアチア人、セルビア人の

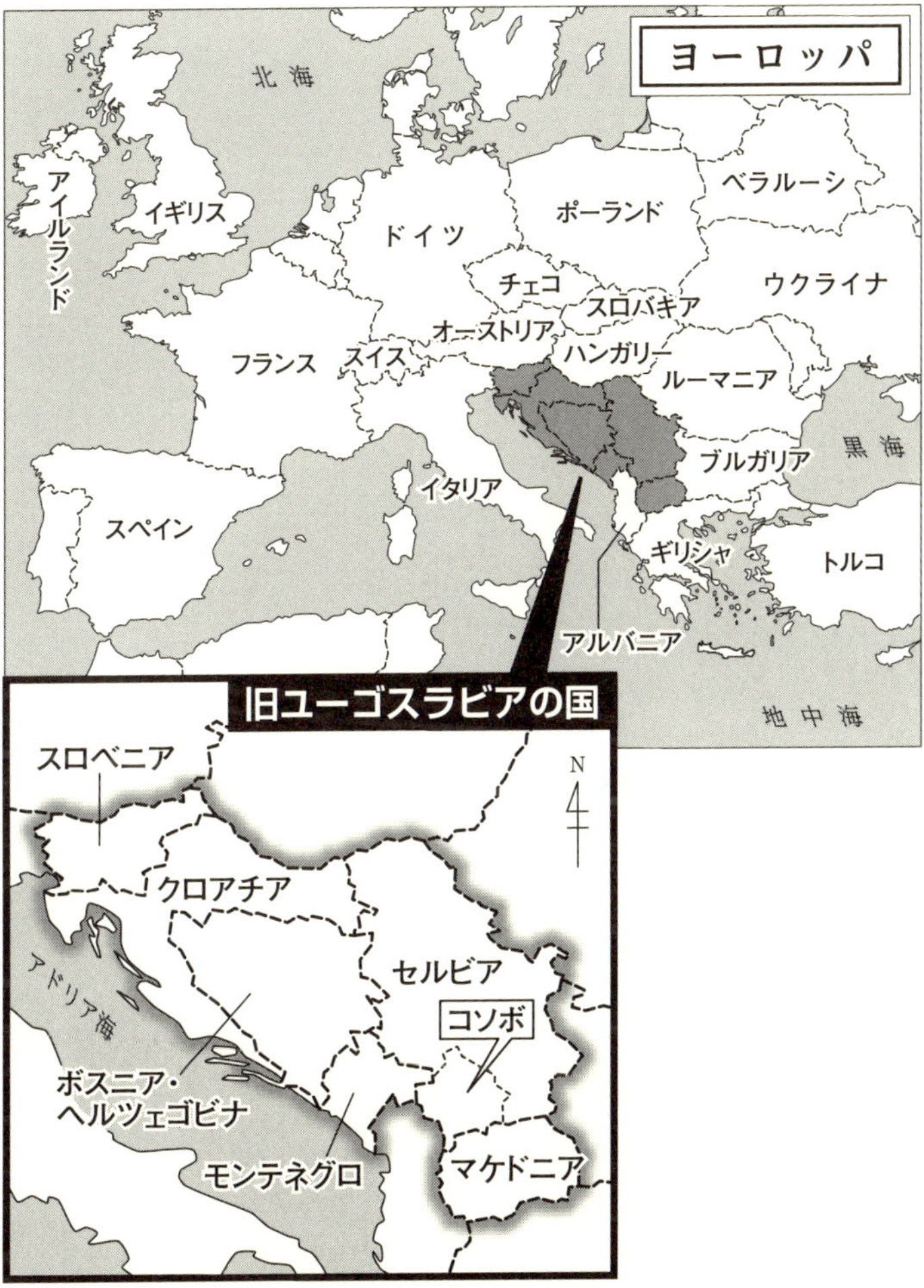
ヨーロッパ
北海
アイルランド
イギリス
ドイツ
ポーランド
ベラルーシ
ウクライナ
チェコ
スロバキア
オーストリア
ハンガリー
ルーマニア
フランス
スイス
黒海
ブルガリア
イタリア
スペイン
ギリシャ
トルコ
アルバニア
地中海
旧ユーゴスラビアの国
N
スロベニア
クロアチア
セルビア
コソボ
アドリア海
ボスニア・
ヘルツェゴビナ
モンテネグロ
マケドニア

各武装勢力が衝突した。20万人が犠牲になったとも言われる。この3民族は、見た目や言葉は変わらない。違うのは宗教だった。ボシュニャク人はイスラム教徒、クロアチア人はカトリック、セルビア人は東方聖教の信者だった。1995年には、ボスニア東部の町、スレブレニツァで大量虐殺事件が起きた。国連が安全地帯に指定していた地域だったが、同年にセルビア人勢力が制圧。10日間で、少年を含むボシュニャク系の住人約7千人が虐殺されたとされている。

サッカーも含めて、何をするにも3民族別々だった。国家元首は一定期間ごとに交代で回し、3民族から順番に出した。郵便会社や電話会社も民族別に三つあった。国民の多くは民族に関係なく友人がいたが、同民族が集まると他民族の悪口を言った。内戦の話になると、急に熱くなり、つかみ合いになるかと思うほどだった。

森田が立ち上げたクリロでは、セルビア人共和国での練習に参加したボシュニャク人が「いつもと同じように楽しかった」と喜んだ。そんなことが積み重なり、徐々にクラブの人数は増え、約30人になった。森田は、3民族混成の子どもチームと、同じように混成の親のチームを作り、親子対決サッカー大会を開いた。バーベキューもした。NGO「サラエヴォ・フットボール・プロジェクト」を立ち上げて、ユニホームやボール、活動資金を調達した。

この活動は、三つの民族の新聞に、それぞれ記事が載った。活動開始から2年経ってから、サッカーのトップリーグが3民族混成になった。やがて、少年サッカーも混成は当たり前になる。森田の活動はスポーツによる融和の道筋を示した。森田は大学卒業後、同趣旨のチームが増えたことを理由にクリロの活動を停止した。

2014年、森田にとってうれしい出来事があった。ボスニア・ヘルツェゴビナが初めて、サッカーワールドカップ（W杯）出場を果たしたのだ。大会期間中の6月16日の早朝、森田は東京都渋谷区に同国ゆかりの人々を集めて大画面で強豪アルゼンチンに善戦する代表選手を応援した。当時の在日ボスニア・ヘルツェゴビナ大使のアネッサ・クンドゥロビッチも訪れた。「攻めろ！　ボスニア人の気持ちを背負ってるんだぞ！」。森田はボスニア語で声を張り上げた。W杯出場を「平和のおかげ」と喜びつつ、「3民族の全ての人が応援する代表チームになるのはこれから」と次の希望を語った。実際、このW杯期間中、ボスニア・ヘルツェゴビナではなく、対戦相手のチームを応援するセルビア系国民も少なくなかったという。

かつて「クリロ」で一緒に汗を流した選手はA代表*入りできなかったが、他の民族を『殺し屋』と言った子が、ボスニア・ヘルツェゴビナリーグ1部の他民族系のプロクラブで活躍するようになった。代表選手のMFミラレム・ピャニッチ*は森田の活動を知り、「これからもボスニアを愛してほしい」とフェイスブックでメッセージを送ってきた。

「W杯でボスニアを応援できて幸せだと、電話で語り合いたい」と、森田が言った。語り合いたい、その相手は、サラエボ出身で元日本代表監督のイビチャ・オシム*。オシムもクリロの支援者の1人だった。

オシムは日本で最もよく知られたボスニア・ヘルツェゴビナの人物の1人だろう。1941年生まれ。1964年の東京五輪に旧ユーゴスラビア代表として出場した。その後指導者となり、様々なクラブの監督として名を上げ、1986年から旧ユーゴスラビアの代表監督に就任した。2003年に現在のジェフユナイテッド市原・千葉の監督になると、Jリーグで降格争いの常

*A代表
スポーツにおける、年齢制限のないその国の最強代表。

*ミラレム・ピャニッチ
1990年生まれ。旧ユーゴスラビアのズヴォルニク（現ボスニア・ヘルツェゴビナ）出身。フランスのFCメスやリヨンなどのクラブをを経て、2016年からイタリア・セリエAのユヴェントスFCに所属。

*イビチャ・オシム
1941年生まれ。旧ユーゴスラビアのサラエヴォ（現ボスニア・ヘルツェゴビナ）出身。1959年からFKジェリェズニチャル・サラエヴォなどで活躍。1978年の引退直後から監督の道へ。

連だったチームを、3年間で優勝を争うチームへと導いた。その実績が買われ、2006年7月に日本代表の監督になったが、脳梗塞で倒れて2007年で退任した。深みとユーモアがあるその言葉は、日本で「オシム語録」と呼ばれて親しまれてきた。

著者は2011年秋、サラエボでオシムの話を聞いた。ボスニア・ヘルツェゴビナサッカー連盟の正常化委員会の委員長として力を尽くしていたときだった。

サッカー連盟正常化委員という組織のことは、2011年10月、独立以来初の欧州選手権の予選突破を目指すサッカーボスニア・ヘルツェゴビナ代表を取材する過程で初めて知った。10月7日にボスニア・ヘルツェゴビナの中央に位置する都市ゼニツァで行われたルクセンブルク戦に、ボスニア・ヘルツェゴビナは5—0で大勝した。独立以来初めてとなる、欧州選手権への出場に迫っていた。

取材のために現地でその試合を見た著者は、そのパンフレットに、「私たちは大きな成功に近づいている」というオシムのコメントが掲載されていたのを見つけた。その肩書に、ボスニア・ヘルツェゴビナサッカー連盟正常化委員長とあった。聞き慣れない職だった。

1995年に終わったボスニア紛争は、様々なところに遺恨を残していた。サッカー連盟の会長は、民族ごとに3人が並立していた。それを一本化することができなかったため、2011年4月に、国際サッカー連盟(FIFA)から国際大会参加停止処分を受けていたのだ。

3民族の多くの人たちから愛されている旧ユーゴスラビア監督のオシムの尽力により、その処分は解ける。6月3日の欧州選手権予選再開が迫る中、民族を超えて尊敬を集めるオシムが調整に奔走し、会長を1人制にする規約改正が決まった。ルクセンブルク戦が行われたゼニツァのスタジアムで会話したオシムをよく知る同国の記者は、「彼は『誰も分断は望んでいない』と言い、政治リーダーも説得した」と話した。

オシムは1986〜92年、サッカー旧ユーゴスラビア代表監督を務めていた。旧ユーゴスラビアは、バルカン半島に1963年から92年まであった社会主義国だ。七つの国境、六つの共和国、五つの民族、四つの言語、三つの宗教、二つの文字、一つの連邦国家と言われるほど、複雑な成り立ちをしていた。
　オシムが代表監督だった頃、各民族のメディアは、自分たちの共和国、自分たちの民族の選手を使えと批判することが当たり前のようになっていた。
　90年イタリアW杯、オシム率いる旧ユーゴスラビア代表は、1次リーグ初戦で惨敗した。西ドイツ相手に1―4だった。オシムは後に、その試合にはわざと負けたのだと話している。メディアの主張の通り、スター選手ばかりを同時に出場させたというのだ。当時の旧ユーゴスラビア代表は、Jリーグの現名古屋グランパスでプレーした妖精「ピクシー」ことストイコビッチ*、サビチェビッチ*、パンチェフ*、スシッチ*らスター選手がそろっていた。スター選手を外せば、その民族、共和国のメディアが容赦ない批判をした。
　そこでオシムは、W杯初戦でメディアの願う通りの選手を起用した。そして、負けた。いくらスターがそろっても、組織として機能せず、試合をコントロールできなければ、試合で負けることはオシムにはわかり切っていたことだった。そしてメディアを黙らせると、その次の試合からは別の布陣で臨み、1次リーグを突破した。ベスト8まで勝ち進み、マラドーナを擁するアルゼンチン代表と熱戦の末、PK戦で散った。テクニシャンたちが高度なプ

*ドラガン・ストイコビッチ
1965年生まれ。旧ユーゴスラビアのニシュ（現セルビア）出身。1981年からFKラドニチュキ・ニシュなどで活躍。1994年から2001年まで名古屋グランパスエイトに所属、天皇杯優勝などに貢献。

*デヤン・サビチェビッチ
1966年生まれ。旧ユーゴスラビア・ポドゴリツァ（現モンテネグロ）出身。1982年からFKブドゥチノスト・チトーグラードなどで活躍。引退後はユーゴスラビア代表監督を務めた。

*ダルコ・パンチェフ
1965年生まれ。旧ユーゴスラビアのスコピエ（現マケドニア）出身。1982年からFKバルダール・スコピエなどで活躍。

*サフェト・スシッチ
1955年生まれ。旧ユーゴスラビアのザヴィドヴィチ（現ボスニア・ヘルツェゴビナ）出身。1970年代からFKサラエヴォなどで活躍。1994年からはフランスやトルコのクラブ監督を務める。

レーを駆使して組織的なサッカーで勝ち進んだ姿は、世界のサッカーファンの記憶に刻まれた。

オシムがボスニア・ヘルツェゴビナの全民族に愛される理由は、国民的スポーツのサッカーで旧ユーゴスラビア時代に輝かしい結果を残し、民族を考慮した選手起用をせずにサッカーの組織としてベストな選手を起用したことだった。「民族や人種で分ける必要はない。ベストな選手がプレーすること」。そんな心構えと立ち振る舞いを、サッカーを通じて国民や世界に示してきた。

しかし、そのW杯期間中にも、国家の崩壊は進んでいた。オシム率いる旧ユーゴスラビア代表は1992年欧州選手権予選を突破した。しかしその頃、ユーゴ紛争の激化により、故郷のサラエボが巻き込まれ、主戦場と化した。そのことがきっかけで、オシムは代表監督を辞任した。無関心だった世界へのメッセージであり、暴力・戦争への抗議だった。

2011年の欧州選手権予選は、処分前は格下のアルバニアに引き分けるなど2勝1敗1分けだった。処分解除後はベラルーシに2連勝。10月7日のルクセンブルク戦は、土砂降りの中で正確なパスをつないで快勝し、通算6

勝2敗1分けとした。同じ組で首位のフランスと、勝ち点1差で最終節を迎え、パリでの直接対決が残っていた。勝てば突破が決まる。サフェト・スシッチ監督は「11日は周りを驚かせる結果を出す」と悲願達成を宣言した。結果は敗戦し、欧州選手権予選突破はならなかったが、選手や国にとっては大きな自信となった。そして、２０１４年のブラジルワールドカップに初出場を果たした。

正常化委員長とはどんな仕事なのか、なぜ、ボスニア・ヘルツェゴビナサッカー連盟は、そんな委員会が必要なほど混乱しているのか。２０１１年秋、当時70歳のオシムは、大きな体を揺らしながらサラエボのホテルに現れ、ゆっくりとした口調で語った。

「正常でない人と戦っている。例えば、地位を利用して利益を手にしていた者がいた。一つのテレビ局に放映権料を売っておきながら、別のテレビ局にも権利を売って金をポケットに入れていた。その人間がだまし取った金を返すために、私は今、60年のサッカー人生で初めて事務方を務め、スポンサーを探している。報酬をいくらもらえるか知らない。妻とバカンスにも行けないが、サッカーを愛しているから引き受けた」

好きな赤ワインを頼み、話をする途中に口を潤すように少しずつ飲み、オシムは冗舌になっていった。

「一つの民族が多数を占める地域での試合で暴動が起きている。観戦ではなく、最初から暴れることが目的だ。融和を嫌う政治家が人を操って他民族を攻撃するようにし向けている。残念なことに、これまではこの国から選手が出て行き、他国の代表になっていた。セルビアやクロアチアを応援する者の脅しを受け、家族の安全を考えてボスニア代表を諦めた選手も多い。それがなければ、過去にワールドカップや欧州選手権に出場できていただろう」

ボスニア・ヘルツェゴビナのサッカーについて語るイビチャ・オシム　©朝日新聞社

語ったのはサッカーのことだけではない。今の国民の暮らしについても話は及んだ。

「悲劇をすぐに忘れることはできないが、映画を見て、外食をし、少しずつ平和を取り戻している。最終的に落ち着けるのは、紛争や虐殺の全ての責任者が捕まることだ。そうでなければ、正義がどこにあるのかわからない。仕事が少なくなると、麻薬やアルコールに依存する人が多くなる。社会情勢が悪いと、サッカー場でも悪いことが起きる」

取材したのは、東日本大震災が起きた年だった。オシムは、ゆかりの地、日本が受けた大きな被害に心を痛めていた。サッカー女子日本代表が優勝した女子W杯*のことに触れ、話は、サッカーやスポーツが、社会に何ができるのか、ということへと広がった。

「神が起こした今回の日本の地震は厳しすぎる。地震や台風をどこかにやってくれないだろうかと思う。悲しい心を癒やすためにも、選手に成功してほしい。なでしこの優勝はサッカーの贈り物だろう。サッカーは今の若者にとって宗教のようなもの。選手は若者に影響を与えるので、その立ち振る舞いは大切だ。大きい国が小さな国から学ぶこともある。経済的に強い国に

＊2011年FIFA女子ワールドカップ
ドイツで開催。アメリカを2－2（PK3－1）で下し大会初優勝。最優秀選手は澤穂希。

小さな国が勝てば、研究されて進化が生まれ、弱い人々も自信を取り戻せる。貧困の希望の星だ。この国の国民にとっては、自分だけでなく、国そのものを信じることにつながる」

スポーツを活用して、対立する者同士を融和に導く同じような取り組みは、90年代以降、他の国や団体でも増え、世界で広がりを見せている。

国際バスケットボール連盟（FIBA）と米プロバスケットNBAも、2001年から、旧ユーゴスラビアなどで複数の国や民族の子どもを集めたキャンプを共催した。キャンプ運営に詳しいNPO「Sport〈スポート〉For〈フォー〉Smile〈スマイル〉（SFS）」の梶川三枝代表は「対立する民族の融和を目指していた」と話す。

国際協力機構（JICA）もソニーと組んで、民族紛争があったコートジボワールでサッカーW杯のパブリックビューイングを2014年ブラジルW杯で実施した。目的は、融和を推し進める講演やサッカー大会に人々を参加させるためだ。

国連は2013年から、4月6日を「開発と平和のためのスポーツの国際デー」に定め、各地でイベントを行った。開発と平和のためのスポーツ局（UNOSDP）が、スポーツを活用したリーダー育成教育などに力を入れている。スポーツを使った社会改善に詳しい一橋大学の鈴木直文准教授は、「スポーツは人を引きつけるので、問題を抱える若い人を集めるという最初の一歩に活用できる。地域に根づいて長く活動できる団体は、社会に変化を起こせる」。鈴木准教授によると、最近1994年からの20年で、スポーツを活用して地域の課題解決を目指す世界の団体数は、150から550に増えたという。

スポーツが、平和に貢献することができるのか。オシム代表監督下の旧ユーゴスラビア代表選手が、戦争や政治に対して何もできなかった無力感を語ったのを聞いたことがある。戦争を止めることまではできないのかもしれないが、友好に向けて努力しているとき、結束をしようとしているとき、スポーツはその潤滑油として利用できる。米国では、政治や宗教、人種などの話題は角が立つため、スポーツの話題をすることが、コミュニケーションの重要な手段になっている。

しかし、欧州のサッカーでは、サポーターが暴徒化し、暴行をすることもある。選手に対する差別的な発言や行為も、なかなかなくならない。日本でも、サポーターによる相手サポーターへの侮辱行為や暴力事件が起きている。パレスチナでは、イスラエルとパレスチナの融和のためにサッカー大会を開いているというが、「難しい」という声を関係者から聞いたことがある。

もう一度、オシムの言葉に耳を傾けたい。

「旧ユーゴ時代も今も、サッカーの代表内は民族の壁を越えて選手同士が理解し合い、チームのために尽くす。暴力を見せつけるより、お互いを知ることが素晴らしいと伝えたい。他民族に憎悪を持たせない教育が大切だ」

3章　ぼくらに寄り添うスポーツの力

フィギュアメダリストらに学ぶ人生のヒント

フィギュアスケート女子の浅田真央ら、スポーツ選手の姿と心構えに学ぶ授業が、2014年7月、大阪市立関目《せきめ》東小学校の放課後の「いきいき」教室で行われた。

「スポーツ選手が教えてくれたことで、スポーツマンシップって何かな?」

そう聞かれた約40人の子どもが次々と手を挙げた。男児が元気よく答えた。

「相手を思いやること、大事にすることです」

米国でスポーツを通じた人間形成を学んだ追手門学院大の吉田良治客員教授が、2013年度から月1回のペースで行ってきた。

最初の年度の1学期、米国の大学女子ソフトボールの試合の映像を見た。本塁打を打った打者走者がベースを回る途中でけがをして動けなくなった場面が出てくる。チームメートが肩を貸せば、本塁打は成立しない。そんなとき、どうなってしまうのか。

この試合では、相手の内野手がその打者走者を抱きかかえて、ホームベースまで運んだ。相手選手であれば、走者に触れても構わない。吉田はこれを題材にして、スポーツマンシップについて伝えた。スポーツマンシップは、相手を尊重することが大切だ。相手や、審判や、試合ができる環境に関わってくれている全ての人を尊敬し重んじる。相手打者走者に肩を貸した内野手の選手は、その打者走者のこれまでの努力を想像したという。抱きかかえて、各ベースにタッチさせながら、ホームベースまで運ぶことを思いついた。

関目東小学校ではその映像を見せ、小学生向けに、「相手を思いやること、大事にすることがスポーツマンシップだよ」と伝えた。そして、「みんなも、クラスの友達のことを大切にしよう」「自分の夢は他の人に支えられている。自分の夢を応援してほしかったら、友達の夢を応援しよう」と伝えた。

座学だけにならぬよう、子ども同士で仲良くスポーツで遊ぶ日もある。「スポーツは楽しい」「スポーツが好き」と思うことが、意欲の源になるからだ。

好きなスポーツや選手が出てくると、子どもたちは関心を寄せる。当時の同小学校の筒井博美校長は「スポーツを使うと、子どもの心に深く残る」と話していた。

フィギュアスケート女子の浅田真央がソチ五輪で見せた姿も題材になった。浅田はショートプログラム（SP）で大きな失敗をしたが、翌日のフリーを投げ出すことなく、最高の演技を見せた。その姿からは、「失敗しても、その後に諦めず力を尽くすことが大切」と学んだ。

ソチ五輪SPで最終の30番滑走で滑った浅田は「自分の体と気持ちにずれがあり、体がついていかなかった」と話した。立ち上がりからスピードが上がらず、顔がこわばっていた。冒頭のトリプルアクセルジャンプで転倒。予定していた連続ジャンプも単独の2回転になってしまう。三つのジャンプ要素全てで失敗してしまった。55・51点と今季最低の得点で16位だった。演技直後、浅田は「どう明日を乗り切ればいいのか、自分でもわからない」と困惑した顔で言った。その夜は、「今まで何をやってきたんだろうな」という思いが、頭の中をぐるぐる回ってなかなか寝つけなかったという。

フリーの日の朝の練習で焦らず「自分のペースでやろうと思った」。陸上トレーニングで汗を流して気持ちを切り替え、「それから、よく寝て、お赤飯を食べました」

フリーは、16位に沈んだSPとは勢いが違った。浅田は「リンクに乗ってからは、もう『できる』っていう思いだけだった」。トリプルアクセルジャンプや2連続3回転ジャンプを跳び、技術点は、出場選手中2番目に高い73・03点を獲得してフリー3位。総合順位も6位に上げた。

ＳＰとフリーの間に、色んな人からの励ましのメールで前向きになれたのだという。特に心に響いたのは、「笑顔が見たい」というメッセージ。フリーの演技後、浅田はうれし泣きしたが、「笑顔になろうと思って」すぐに泣きやんでスタンドに向かってほほ笑んだ。

関目東小学校が題材にしたのは、そんな姿だった。テーマは「心構え」「努力」と共に、「失敗すること」の大切さを学ぶこと。失敗しても、諦めずにフリーで自己最高点の演技をして6位まで順位を上げ、世界から称賛された浅田のことを紹介した。

練習でも試合でもトリプルアクセルジャンプをことごとく失敗した、どん底だった大会があった。「がっくり、

2014年ソチ五輪フリー演技後の浅田真央　© 朝日新聞社

ふがいなさがある。結果や自信というものが全て失われた」と涙ながらに語ったこともある浅田。

苦しむところを、隠そうとせずにさらけ出した。トップ選手とはいえ、栄光ばかりではない。苦難のほうがより多いのだと、多くの人は知ったはずだ。スポーツは勝つことや記録を出すことが重要だ。それがあるから、真剣になれる。しかし、それと同じか、それ以上に大切なことは、失敗してもまた挑戦する姿勢や心構えだと、浅田は教えてくれた。世の中の人々にその姿は共有された。社会にとっての大きな財産になった。

浅田は引退会見で、「ただただ、スケートが大好きでやってきました。今から始める子、今頑張っている子には、大好きな気持ちを忘れないでね、と言いたい」と話した。浅田の様子は、諦めない心を持ち続けることを考える題材として授業で採りあげられたこともあるようだ。

浅田と同じ年代に日本男子を引っ張ったのが髙橋大輔だ。２０１０年バンクーバー五輪で銅メダル。同年世界選手権で優勝。２０１２年のグランプリ（GP）ファイナルで優勝した。いずれも日本男子で初めてだった。

髙橋は、「ぼくは（大リーガーの）イチロー*さんのように強いイメージのアスリートではない」と話したことがある。一時は、エースと呼ばれる自分が勝ち続けなくてはならないという思いにとらわれすぎていたが、そうではない自分を受け止めた。

「苦しい」「厳しい」という率直な感想を、髙橋は隠そうともしなかった。アスリートとして、そんな姿や心情を見せるものではない、弱気すぎるのではないかという批判もあるかもしれない。しかしそれは、「逆境はチャンス」であることを知っているから出てくる言葉なのではなかったか。「てんぐになりかけたときに、自分を見つめ直さなければいけない出来事があるんです」と髙橋は言った。

ソチ五輪のプレシーズンだった２０１２〜13年シーズン、靴のブレード（刃）の形状を変えてみた。ターンやエッジワークを生かすためだった。前半戦は尻上がりに調子を上げ、４回転トーループジャンプの成功率も徐々に上がった。しかし、四大陸選手権や世界選手権では４回転だけでなくトリプルアクセルジャンプでもミスが目立った。

踏み切りも着氷も安定せず、ブレード変更を失敗と結論づけ、元に戻した。髙橋は「失敗しないとわからないことがいっぱいある。成功は『良かった』

＊イチロー
１９７３年生まれ。愛知県出身。本名・鈴木一朗。１９９２年オリックス・ブルーウェーブに入団。２００１年から米国メジャーリーグで活躍。最多安打など、数多くの記録を保持している。

で終わるが、失敗は考え直せるチャンス。原因や理由を見つけられる」と語った。

髙橋は子どもを対象にしたスケート教室に講師役でよく参加した。子どもやコーチに対して、こう伝えるようにしている。「何でも今すぐ結果を求めなくていい。どこで生きてくるかはわからないから。失敗も全てに意味がある。焦らずに――」。失敗や無駄が良くないという考え方を髙橋は否定する。話を聞いたのは、スポーツ界の体罰がなかなか減らず、時に大きなニュースになった時期だった。髙橋は、体罰に心を痛めていた。失敗は悪という考えは、子どもの成長の芽を摘むだけでなく体罰に結びつくのではないかと髙橋は考えていた。

ソチ五輪と平昌五輪で連覇した羽生結弦は、また別のことを教えてくれる。時間をかけることだけが努力のかたちではなく、工夫することも大切だということ。言葉で表すことで自分の状況やパフォーマンスを頭の中で整理し、成長の効率を高めることなどだ。

羽生は2017年11月、右足首を痛め、2カ月間も氷に乗れなかった。2018年に入ってから氷上練習を始め、わずか1カ月半の練習期間で平昌五輪に臨み、復活優勝した。動きを言葉にし、言葉を動きとして再現する工夫とその能力が、男子66年ぶりの五輪連覇という偉業に結実したと、著者は感じた。

滑れない間、何をしていたのか。羽生は「筋肉解剖的な論文、またはトレーニングの方法、計画、もちろん（新聞などの）記事も含めて勉強しました」「フォーム、イメージを固めていた」と言った。そして、練習再開時に「イメージを氷上に移した」のだという。

「（ジャンプを踏み切る前に刃で氷に）どんな円を描くのか」「踏み切る時は円の外側に跳ぶのか、内側に跳ぶのか」「（氷につかない）右足をどこに持っていくのか」

羽生の言葉を借りれば、「最大公約数」を「連想ゲーム」のように、小学2年の頃からつけ始めた「発明ノート」に記録する。つまり、成功や失敗した時に体の各部分がどう動いていたかを整理し、共通点を書き出すのだ。そして、ジャンプ成功のための「絶対に見つけなきゃいけないポイント」を絞っていく。だから、羽生は自分の精神状態や体の動きを、言葉で的確に言い表せる。

そうやって身につけた完璧な4回転サルコージャンプが、金メダル演技のカギになった。休んで鈍った感覚を「勉強して」取り戻すのに、時間はかからなかった。

羽生は練習時間が多い選手ではない。ぜんそくを持っているし、風邪を引きやすい。ひざや足首などの関節も、長時間の練習に耐えられない。そんな条件下で、自分にとって最適の練習方法や成長の方法を見つけていった。

小学生時代に羽生を指導した都築章一郎は、練習量は他の選手の3分の1で、いかに集中させるかに苦労したと振り返る（62頁インタビュー参照）。一方で、「こういう風に踊ろう滑ろうという『自分はこう』というものを持っています。羽生は自分がやりたいと思うと力を発揮する。教えるのではなく、子ども自身が感じる。感性を大切にできる環境や仕組みが大切と感じたときでした」とも話す。

練習量が3分の1、という羽生が大切にしてきたのが、言葉による記録だ。ジャンプのタイミングや跳び方など、試してはノートに書き、思いついては記録して、またリンクで試す。「そういう習慣、ついてますね。発明ノートみたいになってます」と羽生は言う。

「スピードの関係とか、タイミングと間隔だとか、そういうことをノートに書いている。見せられるくらい奇麗には書いてないですけど。小さい頃からやっていました。カナダでは夜まで練習することがあまりないので、寝るときにイメージトレーニングして、気づいたこと、その日のジャンプの感覚と自分がそのときイメージしたものがはまっているのかどうか、共通点や違うところがあるのかどうか。そういうものを見つけて、ここが変だな、ここ変だからちょっと書いておこうと。夜寝る前にイメージトレーニングをしていると、ハッときて、眠いんですけど、眠いのに……と思いながら起きて、机に向かってがーっと書いて、パタッとなってがーっと寝る。書いておいて疑問をどんどん増やしておいて、リンクに立ったときに、それが合っているのか、いないのかを調べていきます。自分の中で」

「ジャンプの問題点とかあったとき、例えば肩（の動き）がだめだったときに、じゃあ足はどうだったのかな、何でこの肩が回っちゃうんだろうっていうことを考えたら、実は上半身がまわっていたからだとか、足がちょっと置く位置が違かったとか、そういうのをすごい広げていって、まとめたりしますね」

ノートはやや小ぶりのサイズで、リンクサイドに持ち込んでいるという。

また、羽生はミスがあった試合や、負けた試合の後ほど、よく話をする。いったい自分に何が起きたのかを頭の中で整理し、メディアに話すことで、メディアの報道が記録代わりになるのだという。

2017年夏に羽生はこう語った。

「自分の考えていることをそのまま話すようになったのはたぶん、取材を受けるようになってからだと思います。小学校4年生から。何を言わなきゃいけないのか、何を言うのか、考え始めた。それがぼくにとって最終的に生きるんだと思ったんです」「それを見返したときに、自分の考えていたことをメモする役割でもある。メディア（に話すこと）って。だからぼくはこうやってメディアとお話しする機会があれば、自分で考えたことを言っている。そのとき何を考えていたか、何を感じていたかというのを思い返せる。それは自分にとってのものすごく財産であり研究材料であり、これからの自分を強くするものだと思っています。だからしゃべるようになった。こうやってしゃべる機会があるから、考えるようになったというのはすごくあります」

その4年前、ソチ五輪シーズンの始まったグランプリシリーズの初戦でも、実は同じようなことを話している。2013年10月、スケートカナダでパトリック・チャン*に敗れて2位になった後だった。

「こうやってメディアの方々に取材してもらって、色んなことを話すことで自分の色んな課題だとかが明確に言葉として出てくる。それを見たときに、ああ自分はやっぱりこういうことを思っていたんだなだとか、そういうことを自分が記事を見たときだとか、テレビの映像を見たときに思い出せる。それはやっぱり、今ここでしゃべっている言葉は一瞬でしかないし、ここにしかないことだと思う。そういう言葉は、ものすごくちっぽけなものかもしれないが、それを自分から発しているから、それを見たとき、または聞いたときに、ああこのとき、こういうことを思っていたんだ、こんなに悔しかったんだ、もっと頑張ろうと思っていたんだ。そういうことを思い出して、また練習とか試合につながると思う。実際、メディアの取材とかあまり多すぎては大変だけど、こうやってしゃべる機会があることは幸せだと思う」

著者はスポーツ記者として、様々なトップアスリートと接してきた。ほとんどの選手は負けず嫌いなのだが、その中でも羽生の負けず嫌い加減はとても高いほうで、それを隠そうとしても隠せないタイプだ。負けた後、ミスを

*パトリック・チャン
1990年生まれ。カナダ出身。2010年バンクーバー五輪5位、2014年ソチ五輪団体戦、男子シングル共に銀メダル、2018年平昌五輪団体戦金メダル獲得。高いスケーティング技術に定評がある。

した後、悔しくないはずがない。

負けたとき、悔しいとき、涙を流す選手がいる。下を向いて黙ったままの選手もいる。報道陣の呼びかけに応じずに立ち去る選手もいる。それはそれで、悪いわけではない。悔しくて仕方がないことの感情の表れの一つだ。

羽生も悔しさを強くかみしめる。その一方で、自分の次につながることをすぐに探す。いつまでも打ちひしがれていてもしょうがない。ましてや、負けの原因を他者に求めるようなことはない。勝者をたたえ、頭を上げて前を向き、次こそはと、自分の現状と次の課題を整理する。これらの態度は、まさにグッドルーザー（良き敗者）としてたたえられるべきものだ。

負けても、ミスをしても、その悔しさをあからさまに表に出さずにすぐに頭の中を整理していた選手は他のスポーツでも思いつく。２００７〜08年に担当したサッカーJリーグのガンバ大阪の中心選手、遠藤保仁*と橋本英郎*がそうだった。共に日本代表選手でもあった。試合後に話を聞くと、まるでピッチを上から俯瞰していたかのように、何が起きていたのかを説明してくれた。

羽生は、子どもたちに向かって、こんなメッセージを発した。「失敗して

＊遠藤保仁（えんどう・やすひと）
１９８０年生まれ。鹿児島県出身。
１９９８年からJリーグで活躍。
２０１８年現在ガンバ大阪所属。

＊橋本英郎（はしもと・ひでお）
１９７９年生まれ。大阪府出身。
１９９８年からJリーグ入り。
２０１８年現在東京ヴェルディ１９６９所属。

すごく理想なのは失敗した後にそれが何でなんだろうと考え切れて、その後にもう1回やったら成功しました、というのが理想。でも、そんなに簡単にはいかないんです。ぼくらも失敗した原因を考えてもう1回跳んで、じゃあ次絶対成功するかって言われたら、そんなこともぜんぜんない。でもその過程をちゃんと大事にしてほしい。その過程を恐れないでほしい」

トップアスリートたちの心構えと行動は、スポーツに取り組む人に限らず、様々な人にとって参考になる。特に、これからやりたいことや生きがいを見つけ、色々な失敗や困難に出会うであろう子どもたちに、そんな姿が伝われば、と願う。

貧困、虐待、難病——子どもたちを救うスポーツの力

「スポーツを通じて元気や勇気を与えたい」

２０１１年東日本大震災以降、日本のスポーツ関係者が頻繁にこの言葉を使っていた。人々はそれを「スポーツの力」と呼んだ。

確かにスポーツに力はある。ただ、日本での「スポーツの力」の多くは、

スポーツでいい結果を出すことや、スポーツを見せたり一緒にプレーしたりして、一過性の交流をするだけのイベントにとどまっていたように思う。

スポーツの力を最大限に生かしたい。そのためにも、対象を明確にして、その人たちが何に困っていて、その困っていることを解決する方法にスポーツが役に立てる仕組みを具体的に考えたい。押しかけていって1回限りのスポーツ教室をするだけでは、逆に相手の負担になることもある。

日本スポーツ界で、社会の人たちが困っていることの解決にスポーツを役立てる仕組みを具体的に作っている例は、まだ多いとは言えないが、優れた取り組みも始まっている。

NPO法人PIECES（ピーシーズ）は、孤立する子どもを支えるためにスポーツを活用している。

PIECESでは、親でも先生でもない大人の支援者〝コミュニティーユースワーカー〟が、子どもたちと仲良くなっていく。主な対象は、これまで大人を信頼することができなかった子、目指したいと思えるような人との出会いがなかった子、将来について相談する相手もいないという子たちだ。

打ち解け、色々な会話をしていくうちに、その子はふと、自分が抱えている悩みや困りごとを口にするようになる。そんなとき、ＰＩＥＣＥＳの大人たちは、どのようなサポートがその子に必要かを考えていく。

東京都板橋区の男性は、小学生の頃から家出や不登校を繰り返し、地元の非行少年とつるんで暴力事件を起こしてきた。中学時代に、手の骨が折れるまで教員を殴った経験がある。２０１５年秋、非行仲間から、振り込め詐欺の仕事に誘われた。

その頃、別の友人と一緒にピーシーズのスポーツ活動に参加していた。月に１回ほどのペースで10代から30代の男女が集まってドッジボールやサッカーなどで気楽に遊ぶ。最初に誘われたのは19歳だった２０１５年の夏。「この年でドッジボール？」とも思ったが、元サッカー少年で体を動かすことは嫌いではなかったし、誘ってくれた友人の顔を立てる意味でも参加してみた。

そこで知り合ったのが、塾運営の鈴木裕二と、同法人副代表の荒井佑介だった。男性は、戸籍売買の仕事に誘われていることや、一方で、高校に入り直して学び直したいという思いもあった。そんな状況や思いを打ち明けると、鈴木や荒井は相談を親身になって聞いてくれた。高校入学の意思が固いことを確認し合い、非行仲間の誘いを断り、関係も断ち切った。

男性は「最初はドッジボールなんてと思っていたが、行ってみると、色々なことを知っている大人と知り合えた。親や先生には反発してきた。大人は好きじゃなかったけど、悪い人ばかりじゃないなと思えた」。鈴木らから学習指導を受け、２０１６年春、東京都内の定時制高校に入学した。

同団体は、子どもの孤立を防ぎ、学びと成長を支える目的で２０１６年６月に設立した。それまで、荒井と鈴木は貧困家庭の子の学習支援をしていた。成果を感じる一方で、学校に行かない子、家庭が完全に崩壊していたり非行に走ったりして勉強をする気すら起きない子、より深刻な問題を抱えた「本当に支援が必要な子」ほど、知り合う機会がないと感じていた。

スポーツは、そんな子と出会い、打ち解けるための手段になった。２０１５年からスポーツ活動を始めた。最初は30人ほどで、月に1回、東京都内の体育館で遊び始めた。参加者は友達を誘い合い、1年足らずで１００人以上が頻繁に遊ぶ仲間になった。

著者もその活動に何度か参加してみた。そこでは、10代から40代の男女がドッジボールで、真剣に、しかし、楽しそうにはしゃいでいた。「アウト！」「いや、今のはセーフ」。年齢の差に関係なく、指示や声かけをして会話も弾んでいた。汗を流した後は、一緒に食事して互いをもっと知るようになった。

荒井は「『勉強しよう』と誘っても、子どもは集まらない。スポーツなら友人を誘いやすいし、体を動かせば会話も弾んで仲間意識も芽生える」と話す。スポーツを通じて知り合い、支援に結びついた子どもは2年で十数人になった。勉強を教えている子どもたちに、友達を誘うよう促している。スポーツが苦手な子もいるため、カード遊びや料理を囲む会なども開く。

別の男性も友人に誘われて「楽しそう」と思ってこの遊びのドッジボールに参加した。小、中学生の頃、両親のけんかがいやで家を何度も飛び出した。学校も休むこ

ピーシーズのスポーツ活動でドッジボールを楽しむ子どもたち　© 朝日新聞社

とが増え、勉強についていけなかった。「感情がなかった」と当時のことを振り返る。高校卒業後、東京都内の薬品製造会社に就職。1日8時間半、週6日働き、月の手取りは8万円だった。1歳年下の恋人との間に生まれた9カ月の長男を、恋人の母に「あなたじゃ育てられない」と半ば強引に引き取られた。

両親は高校時代に離婚し、経済的には頼れない。ドッジボール仲間の会社員男性に悩みを打ち明けると、自立を促され、新しい仕事を紹介してもらった。研修があり、店頭販売のスキルを身につけた。長男の引き渡しを求める交渉と、精神的に落ち込んだ恋人のカウンセリングも、周囲の助言を受けながら進めようとしていた。

スポーツを社会問題の解決に生かす取り組みは、国連の「開発と平和のためのスポーツ局」（UNOSDP）も推進してきた。世界では様々な団体がある。サッカーを利用して子どもを集め、病気の予防教育を受けるのに使ったり、民族融和の大切さを教えたりする取り組みなどがある。

日本で、スポーツを通じた社会課題の解決を明確に掲げて活動している団体に、NPO「Sport〈スポート〉For〈フォー〉Smile〈スマイル〉（ＳＦＳ）」（東京都新宿区）がある。

虐待を受けたり、家庭内で暴力を見たりして心に傷を負う子の支援にスポーツを活用するプログラム「スポーツメンタリング」を行っている。父が母を暴行するのを見た小学生らが、隔週で東京都内を中心に、大学生のお兄さんやお姉さんとペアになってスポーツをする。子どもらしく安心できる居場所にすることを大切にしている。お兄さん、お姉さんは、子どもの自宅との往復にもつき添う。

活動を始めたばかりのときは、人が背後にいるのを怖がる子、大きな音におびえる子、会話ができない子がいた。子どもたちは、鬼ごっこや、目隠ししてプレーするパラリンピック種目の一つブラインドサッカーで遊ぶうちに、少しずつ明るさを取り戻していった。発達障害を持つ子は、大学生が他の人に遊ぶ順番を譲るのをまねして「先にどうぞ」と言えるようになった。

２０１６年度までの3年間で十数人の子が参加した。小学生のときに参加した中学生の男子生徒は「友達の輪に入るのが苦手だったが、今では一緒に遊べる」と話した。

著者は、平昌五輪期間中、このプログラムの開発者で日本プログラムのアドバイザーでもあるリサ・ウィッターにインタビューした。選手村で各国の団体を支援する仕事をしていた。

米国生まれのウィッターは、２００１年から韓国に住み、脱北者や経済面、家族環境で困難を強いられている子どもにスポーツを届ける活動に力を注いできた。ボランティアの大学生が週1回、スポーツで遊び、子どもが上手にできた時に褒める。すると、子どもは自分が大切にされていると感じ、自信を取り戻す。友だちがいなかった母子家庭の男児は参加後、同級生に話しかけるようになり、人前でダンスを披露するほど明るくなり、学校の友達もできたそうだ。

ただ、ウィッターは、「スポーツ人気が高まっても、その恩恵はエリートスポーツに向かう」。五輪開催が「スポーツ格差」を広げるという矛盾を感じていた。

２０２０年東京大会はレガシー（遺産）として「誰もがスポーツをする」環境を目指す。「機会に恵まれない子にこそ、大会の恩恵を」。ウィッターさんの思いを、東京大会では生かしたい。

ＳＦＳの梶川三枝代表によると、スポーツを活用して子どもを支える活動は、米シカゴ、ロンドン、ソウルなどで成果を上げているという。「私たちのスポーツは、『する』でも『見る』でもなく、いわば『寄り添う』スポーツ。信頼できる大人がいると、子どもは、『応援してくれている人がいるから頑張ろう』と思い、変われる。スポーツは、プレーしたり観戦したりするだけでなく、社会を変える手段として世界中で利用されている」と話した。

一橋大学の鈴木直文准教授（スポーツ社会学）は、「スポーツを一緒に楽しむつながりは、改まった関係ではないので身の上話を打ち明けやすい。集まるきっかけや居場所になる。貧困に陥る前の若者の支援につなげる仕組みは、日本でも成果を上げている」と、その利用価値について語る。

子どもの貧困問題に取り組む「あすのば」の小河光

ＳＦＳの活動シーン（ＳＦＳ提供）

治代表理事は、こう話す。

「現代は親類や近所との人間関係が希薄になり、大人とのコミュニケーションがない中で育つ子が増えている。そのため、他人に存在を認められた経験もなく、生きる意味もないと思い込んでしまう。そんな子らを支援したくても、今は第三者が家庭の問題に立ち入ることは難しい。スポーツを通じてそんな子と出会い、人の温かさを知ってもらうのは、かつて近所の人らが担っていた役割に代わる一つのかたちだと思う」

スポーツ庁も、社会の問題解決に生かすスポーツのかたちを模索し始めた。スポーツをする機会に恵まれなかった子どもにスポーツを提供する機会を増やすことについて議論している。

東京都内で活動するNPO法人「Ｂｅｉｎｇ　ＡＬＩＶＥ　Ｊａｐａｎ（ビーイング・アライブ・ジャパン）」が、長期的な治療が必要な子を対象に行うスポーツプログラムがある。

特別支援学校などが、入院中の子どもに教育を受ける機会を提供する院内学級が、主な活動の場の一つになる。

２０１６年７月、ロンドン五輪のフェンシング男子団体銀メダリストの三

＊三宅諒（みやけ・りょう）
１９９０年生まれ。千葉県出身。２０１４年アジア大会団体（フルーレ）で金メダル。

宅諒*が子どもたちと一緒に遊んだ。病院内に子どもたちの無邪気な笑い声が響いた。長い療養生活を続ける子どもたちが、向かい合ってひもを引っ張り合う、フェンシングの要素を採り入れたゲームを楽しんでいた。

車いすの児童らが、「最善を尽くす」ことを約束して取り組んだ。年に7回実施。相手を思いやって声をかける「個の尊重」や、「困難に立ち向かう力」などがテーマの日もあった。退院して日常生活に戻ったときに萎縮しないよう、病院内外の人と積極的に会話する目的もある。

当時9歳だった青柳洸新《あおやぎひろあ》くんは、治療法が確立されていない消化器系の難病で1カ月に60回も嘔吐《おうと》することもあり、37キロあった体重が、一時は10キロ減った。好酸球性消化管疾患の「好酸球性胃腸炎」と診断されるまで2年かかり、症状が出始めてから腹痛や嘔吐、下痢を繰り返した。そんな姿を見られたくなくて、次第に自信がなくなり、学校や、5歳から続けてきた大好きなサッカーの練習に行けなくなった。２０１６

2016年7月、難病や重い障害の子どもたちが入院する病院でのスポーツプログラムで、青柳洸新くん（右）がフェンシングの三宅諒と遊ぶ（画像一部修整）　©朝日新聞社

年の4月に入院し、原因となる食品を突き止める治療をして10月に退院した。「やったことのないスポーツは楽しいし、（病院内の）友達と仲良くなれた」と明るさを取り戻した。

退院後は、多種食物除去治療や、原因物特定といった治療を続け、今も病気と闘いながら日常生活を続けている。徐々に対人の恐怖心を取り除いていき、学校に通い、サッカーの練習にも参加できるようになった。「絶対に病気に勝つ」「負けないで元気になる」と前向きになるきっかけが、スポーツプログラムで人と接したことだという。少しずつ試合出場も増えている。

２０１５年から院内学級でこのプログラムを採り入れる東京都立光明《こうめい》特別支援学校の永島崇子副校長は「病気だからできないではなく、できることを見つけてチャレンジすることで、自己肯定感が持てるようになる」と話した。

米トッププロの活動に見るスポーツの社会貢献

●子どもの難病の治療法研究を支援する団体を設立（アイスホッケーのＮＨＬで２００１年に優勝したショーン・ポディーン*）

*ショーン・ポディーン　１９６８年生まれ。アメリカ出身。１９９２年ＮＨＬデビュー。現在のＨ．Ｃ．栃木日光アイスバックスのメンバーとして日本でも活躍した。

●ハイチの地震被災地で医療施設建設、ナイジェリアで大学を運営（アメリカンフットボールのＮＦＬで、２０１３年２月のスーパーボウルでボルチモア・レイブンズの勝利に貢献したジェームズ・ヘディーボ*）

●子どもを酒や薬物から遠ざけ、学力向上・リーダーシップ育成を図る基金を設立（野球の大リーグで２０００年ワールドシリーズ最優秀選手のデレク・ジーター*）

●子どもの居場所となり、色んな活動をするボーイズ&ガールズクラブのコンピュータールーム整備（米プロバスケットボールのＮＢＡで最優秀選手を4度受賞したレブロン・ジェームズ*）

●里親支援組織の広報担当、バハマで学校建設の支援（北京五輪女子サッカー金メダリストのステファニー・コックス*）

これらは、米国のトップアスリートが自ら手がけた取り組みの一部。どれも、スポーツという枠を飛び出した取り組みばかりだ。

日本でもその当時、トップチームやトップアスリートによる社会貢献活動

*ジェームズ・ヘディーボ
1983年生まれ。アメリカ出身。ニューヨーク・ジェッツ、ボルチモア・レイブンズなどで活躍。ポジションはセイフティ。

*デレク・ジーター
1974年生まれ。アメリカ出身。1995〜2014年、ＭＬＢ・ニューヨーク・ヤンキースで活躍。同チーム第11代主将。

*レブロン・ジェームズ
1984年生まれ。アメリカ出身。2003年にNBAチームのクリーブランド・キャバリアーズでデビュー。NBAファイナルMVP3回受賞等、数々の記録を持つ。

*ステファニー・コックス
1986年生まれ。アメリカ出身。サッカー米国女子代表（2005〜13年）。2009年にロサンゼルス・ソルでシニアデビュー。ポジションはディフェンダー。

は行われていた。しかし多くは、スポーツ交流やスポーツ教室という、社会貢献活動と言うよりも、自分たちのスポーツの普及活動に近いものだった。スポーツという枠を飛び出した活動も、寄付か、訪問活動や試合への招待が目立った。どれも良いことなのは間違いないが、日本でももっと、幅広く、選手自身が労力かけて行う多様な活動ができるはずではないか。

米国スポーツ界の取り組みは、日本よりも幅広く、社会問題に対して強いインパクトをもたらそうとしていると感じていた。その実態や、選手らの思い、背景を知りたくて、２０１２年夏、著者は米国で、スポーツが絡んだ様々な社会貢献活動を取材した。

日本選手のイチローや岩隈久志*も所属していた大リーグのシアトル・マリナーズの社会貢献活動担当者や、米プロフットボール（ＮＦＬ）ニューヨーク・ジェッツに入団したばかりのクオーター・バック*（ＱＢ）のティム・ティーボウ*、２０１２年ロンドン五輪の陸上男子４００メートルリレー米国代表として銀メダルを獲得したジェフ・デンプス*の話を聞いた。

大リーグのシアトル・マリナーズを訪問すると、社会貢献活動専門スタッ

*岩隈久志（いわくま・ひさし）
１９８１年生まれ。東京都出身。２０００年大阪近鉄バッファローズ入団。２０１２年からシアトル・マリナーズで活躍。

*クオーター・バック
司令塔となる攻撃側のリーダーポジションで、主にパスを投げる役割がある。

*ティム・ティーボウ
１９８７年生まれ。フィリピン出身の米国人。２０１０年にデンバー・ブロンコスでＮＦＬデビュー。２０１６年８月に野球転向し、ニューヨーク・メッツと契約した。

*ジェフ・デンプス
１９９０年生まれ。アメリカ出身。２０１２年のロンドン五輪後は、タンパベイ・バッカニアーズでＮＦＬデビュー。

フのショーン・T・グリンドレーが、数々の活動をまとめたパンフレットを手に内容を説明してくれた。

毎年夏、ドメスティック・バイオレンス*による被害を防ぐ活動のために、選手の知名度を生かして寄付を募っていた。イベント1日あたり25万ドル（当時約2000万円）を地元の企業や住民から集める。その資金を利用し、携帯電話大手ベライゾン・ワイヤレスの協力も得ながら、暴力の被害者を保護する施設の通信環境を整えていた。

そんな寄付活動は、マリナーズの活動の一部でしかない。最も力を入れていたのは「DREAM」と名づけられたプログラムだった。夢をかなえるための5カ条を、地元のスター選手たちが子どもたちに語りかけるという活動だった。

D＝Drug－Free（薬物を使わない）
R＝Respect yourself and others（自分と他者への敬意、尊重）
E＝Education（教育）
A＝Attitude（心構え、姿勢）
M＝Motivation（動機づけ、意欲）

＊ドメスティック・バイオレンス（DV）　配偶者暴力、夫婦間暴力。アメリカではまん延した社会問題となっており、各州にDVを犯罪とする法律が存在する。

それらの頭文字を取って、名づけられたプログラムだった。

Dは、薬物に手を出すな、ということだ。薬物の怖さを語り、小学生は薬物に手を出さないことを選手と約束する。小学生時代から反薬物教育を必要とされている地域社会であることがうかがえる。

Rは、あらゆる人へ敬意を忘れないようにしよう。友達を大切にしよう、友達の夢を大切にしよう。家族や学校の先生、学べる環境を作ってくれている全ての人への敬意を忘れないようにしようということ。自分自身や自分の好きなこと、自分の夢が大切なら、友達の夢や好きなことも大切にしないといけない。そうすれば、友達も自分を大切にしてくれる。これは、スポーツマンシップの最も大切な部分でもあり、憧れのトップアスリートがこのことを教える意義は大きい。

Eは、教育を受け学ぶことの大切さ。

Aは、失敗をしてもそこに学ぼうとする姿勢、他者の助言に耳を傾けようとする姿勢など。

Mは、挑戦しようとする心。失敗をしても、もう一度立ち上がろうとする心を持つことだ。

マリナーズのエース投手は学校を訪問し、Eをテーマに語った。その際、指で2という数字を作った。Vサインのように見えるが、意味はこうだ。

「1週間に2冊の本を読もう」

著者は日本でスポーツ選手の学校訪問活動を何度も取材したことがあるが、選手が本を読もうと子どもに呼びかける姿を見かけることは、あまりなかった。「夢」を題材に日本人スポーツ選手が小学生に語るとき、夢を持とう、目標を持とう、そのために努力しよう、と呼びかける場合が多い。選手自身の体験談、失敗してからはい上がるまでの経験談はわかりやすくて良いのだが、それ以外の大切なことについて触れられることは少ない。

日本の有名サッカー選手がスポーツ教室で子どもに話しかけた場を取材したとき、選手は「サッカーばかりやっていて、勉強はしなかった」と語っていた。もちろん、「練習しよう」「努力しよう」とも語りかけていて、そのメッセージは素晴らしかった。ただ、それは当然のこととして、そこに「学ぼう」を加えてほしいと思った。子どもたちの憧れの選手による子どもへの影響力は大きい。スポーツで生きていける子はごく一部だ。せめて、「勉強はしなかった」ということを自慢げに言うのはやめてほしかった。

マリナーズの担当者のショーンは、スポーツ選手が各テーマについて子どもに呼びかける大切さをこう語る。「チーム全体で、幼い世代に対して夢の実現を支える活動をしています。選手が自分自身の言葉で子どもたちに各のテーマについて語りかけます。ドラッグフリーはメジャーリーグ選手になるためために避けて通れない問題で、特に重要な位置づけにあります。教育は当然、大事なことですし、前向きな心構えは野球選手にとって重要です。長いシーズン、負けることがあっても切り替えることが大切です。幼い子どもたちに、これらを伝えることで、目標達成への意識づけをします。教育上、とても大事なことです」

ショーンはまた、社会に貢献する意欲があっても、忙しくてその手法がわからない選手に代わって、チームが様々な活動を用意する意義についても話した。「選手によっては人前に出てしゃべるタイプもいれば、人知れず何かをしたい者もいます。基金の設立をしたい者もいれば、学校で子どもたちに成長の支援をしたい者もいます。健康の支援をしたい者もいます。最終的には選手個々が何をしたいかによって、こちらもプログラムを色々調整していきます。長いシーズン中に数少ない休日を返上して、地域貢献に参加するのは大変なことですが、そのおかげでたった一日で25万ドルも寄付が集まるのです」

これらの活動には、それぞれ、企業やNPOなどのパートナーがいることも多い。社会に資すること、社会を良き方向に導く活動を、イメージのいいスポーツチームや選手と協力して行うことで、より、影響力が増すからだ。

「多くの企業が今、商品宣伝とは別に企業イメージの向上に力を入れています。企業はこれまでの宣伝広告費とは違う新しいタイプのマーケティング費、New Wave Marketingとして地域貢献活動を活用しています。商品を宣伝するのではなく社会貢献を前面に出すことで、この企業はとてもいい会社だ、と消費者が好意的に受け取ってくれます。物の良し悪しだけでなく、企業の良識を購買意欲につなげるという新しいマーケティング手法です」とショーンは解説した。

米国で出会ったアスリートやチームスタッフたちは、自らの労力をかけて社会問題を解決する、社会を良いものに変えていくためのリーダーシップをとるという気概に満ちていて、その意義を熱く語った。忙しいトップアスリートたちが、自らの労力と時間を差し出す意識の高さに驚かされた。また、スポーツ分野を飛び出して、そのとき、その地域で社会問題になっていることにインパクトをもたらそうとしていた。

2012年6月、全米中の注目を集めていたNFLニューヨーク・ジェッツのQBティム・ティーボウは、チームの夏合宿に参加していた。忙しい真っ最中だったが、自分が力を入れている社会貢献活動に対する取材だったからか、滞在中のフロリダ州のホテル一室に招いてくれ、話をしてくれた。

「子どもの支援に年間100日は使っている。特に、難しい状況にある子の成長を助け、その人生を良い方向に変えたい」

ひときわ真剣なまなざし。ソファから身を乗り出していた。

大学時代の2007年と09年に全米制覇を達成したティーボウは、鳴り物入りでプロ入りした。ジェッツには、その年に移籍したばかりで、先発QB争いに注目が集まっていた。

スポーツ選手として高みを目指す一方で、社会復帰を目指す受刑者に心構えを助言し、ホームレスに食事を配った。孤児院で本の読み聞かせをし、学ぶことや優しさの大切さを伝える。出生地のフィリピンでも病院を訪ね、手術室への移動に手を貸すなど、子どもたちを励ました。全米の各地域で、ホームレスシェルターや小児病院などの支援活動をしていた。

「社会で困っている人たちの人生を変えたいという信念があります。社会を豊かにすることがとても重要なことで、大学時代全米制覇したことが成功だとは思っていません。私たちにとっての究極のゴールは、社会がよくなること。そのためにお金や時間、そして労力を惜しまず社会のために尽くすことです」

熱心なキリスト教徒で、14歳の頃から社会貢献活動に参加してきたという。共に活動する仲間は1000人以上いると言っていた。

日本では、社会貢献活動をしていることを大々的に発信することに対し、「売名行為だ」といった批判の声を見聞きすることがある。米国では、選手の知名度が上がるかどうかよりも、選手の知名度を問題解決のために最大限生かすことの意義が、社会的にも認められているように感じた。注目の的であるトップアスリートであることによる知名度を最大限利用し、リーダーシップをとって社会に呼びかければ、賛同者が増えて問題解決への力が増すからだ。

ティーボウは、どのように社会に関わっているかを説明した。「子どもたちの成長をサポートすることはとても重要です。今年、ピザハットと行っている読書プログラムもその一つです。子どもと関わる場合、よく読書をします。故郷のジャクソンビルでもそうですし、フロリダ大学にいた頃も地元の小学校や小児病院で、子どもたちに本を読み聞かせました。子どもたちが人との信頼関係を築いたり、お互い励まし合うことをしたりすることが、人生の幸福をもたらす力となります。特に難病の子どもたちに関わるのはとても大切なことです。深刻な病気や小児がんと闘う子どもたちにとって、少しでも気持ちが楽になってくれるならと思って取り組んでいます。

日本でいじめの問題があると聞きました。いじめをなくすことはアメリカでも大変難しい問題です。私たちは

子どもたちに指導するティム・ティーボウ（本人提供）

いじめの問題がある場合、その学校へ行って子どもたちと真剣に向き合い話し合います。スポーツマンシップはとても重要で、こうした問題解決には特に有効です。特に、フットボールはチームスポーツなので、仲間との信頼関係やお互いが助け合うスポーツマンシップは大変重要な要素です。そしてスポーツを引退した後、スポーツ以外の分野に進んでもこの精神は大変役立ちます。仲間だけでなく対戦相手、審判、ファン、試合に関わる全ての人たちを尊重する精神は、スポーツマンシップの重要な要素です。特にプロスポーツはその模範となるべきで、ファン、特に子どもたちが見ているのですから、スポーツマンシップを実践することは重要です」

米国の選手は、プロもアマチュアも社会貢献活動に熱心だ。例えば米プロバスケットボール協会（ＮＢＡ）の場合、２００５年から２０１２年までに選手やチームで2億ドル（約１６０億円）以上を寄付し、選手が社会貢献に使った時間は延べ１８０万時間以上。建設した住宅や図書館などは約７００カ所にのぼるという。大学生時代のティーボウのように、学生アスリートが社会貢献活動に熱心に取り組むことも珍しいことではない。

ティーボウのフロリダ大学時代のアメリカンフットボール部チームメートで、エースランニングバックとして活躍したジェフ・デンプスは、6月、直後に迫っていたロンドン五輪に向けて、陸上100メートル競走の練習に励んでいた。インタビューした約1カ月後、陸上の男子400メートル（100メートル×4）リレーで米国代表入り。ロンドン五輪の同種目予選で走り、銀メダル獲得に貢献した。

選手として忙しい一方で、教会や学校に出かけ、子どもたちと遊び、触れ合うことを大切にしていた。「先生ではない年上の人が、勉強することが大切、危険なことはしないように、トラブルに巻き込まれないようにしよう、と話すことはとても大きい」。いい態度と悪い態度は何か、何かに集中してじっくり取り組むことの大切さについても話をする。勉強もやる必要がある、良い学業成績を保とうとも伝えるという。

「2度ほど、ある子どもが他の子にいじめられているというシチュエーションに直面したことがありました。私は2人を座らせて、教えました。『人に尊敬されたかったら、まずは自分が人を尊敬しなくてはいけない。自分が人からいいことをしてもらいたかったら、まずは自分が他の人にいいことをしないと。そうでなければ、自分には返ってこないよ』と。その後、2週間くらい連絡を取り、そのうち問題はなくなりました」。デンプスも、このようなスポーツマンシップの考えが、いじめ問題の解決に役立つと信じている。

驚いたのは、ただ単に子どもと話をするだけでなく、子どものいじめ問題について知識があり、根本的な問題を取り除こうとしていることだった。特にいじめている子どもに接するときについて、「家庭の問題があるんじゃないのかということを念頭に話を聞く。家庭の事情を学校生活に引きずってしまう子どもが多いと思うんです。両親の問題も一緒に考えます。家庭の環境が良くなるように、一緒に考えます。話し合い、お互いをよく知ることが大切です。そして、なぜ彼が怒るのか、原因を探ります。何が彼を怒らせているのか、何が原因かを探ってあげることが大切です」とデンプスは言った。

その他に、オンラインで子どもの悩みを聞いてアドバイスする取り組みもしていた。例えば、目前に大きなテストが迫っていて、パスしないと次の学年にいけないという子どもの悩みを聞く。春休みに何をしているのか、どう過ごすのか、自分のことも例示しながら、子どもの疑問に答えていく。

年間に8〜10回、小児病院などを訪問し、がんや脳腫瘍の子と話をする活動もしている。フロリダでは、好きなスポーツ選手がデンプスという子も少なくない。「多くのアスリートは、このような活動を拒否することはないと思う。いつでも子どもと話をしたり、コミュニティーに対して何かをしたりしたいと思っています」。これらの活動は、高校生のときに始め、大学でさらに頻度を増やしたという。

アメリカンフットボール部で全米ナンバー1となり、陸上でも五輪で銀メダリストとなり、社会貢献活動でも労力をかけることを惜しまないデンプス。実は、学業成績も高い。0〜4点満点で評価する大学成績を表すGPAは3・08点だった。

学業でもスポーツでも成功を収めることができた最大の要因について、デンプスは、運動部員に学業面でのアドバイスや支援をする専門職員「チューター」によるタイムマネジメントの助言が大きかったと語っている。「タイムマネジメントが重要ですね。練習し、試合に出て、授業を受ける。チューターがタイムマネジメントを助言してくれるので、うまく時間を使えるようになった。友達と遊ぶ時間もできたし、フットボール、陸上、学業の三つを一緒にやることは、大きな問題ではなくなりました」。助言を受ける前は、友達と遊ぶ時間もテレビを見る時間もなかったが、どのような授業をどのような時間に受け、時間をどう管理すればいいのか、ホームワークをどうすればいいのかについてアドバイスを受けたことで、二つの部と学業と合わせて、三つの面でトップクラスの成績を維持できたという。

夢を持てない少年少女の行動を変える

「つらいときほど前に出ろ」

そう言って、児童養護施設の子どもと語り合って触れ合う活動をしてきたのは、「平成のＫＯキング」と呼ばれ、プロボクシングの元日本ライト級王者の坂本博之*だ。１９９６年に東洋太平洋ボクシング連盟の同級王者にもなった。２０００年の畑山隆則戦など4度、世界に挑戦したが届かず、２００７年、36歳で39勝（29ＫＯ）７敗１分けという戦績で引退した。福岡県で生まれ、両親の離婚で親戚に預けられ、虐待を受けた。その後、児童養

＊坂本博之（さかもと・ひろゆき）
1970年生まれ。福岡県出身。1991年プロデビュー。世界ランキング最高はＷＢＣライト級で1位。

護施設で育った。現役の頃から貧困や虐待に苦しむ子、目標や夢を持てない子に寄り添い、励まし続けてきた。官民で子どもの貧困の解消に取り組む「子供の未来応援国民運動」の発起人にもなった。

２０１５年３月、坂本は賛同者と共に福島県いわき市にある児童養護施設「いわき育英舎」を訪れた。この施設の訪問は4度目だった。同じ子どもと何度も触れ合って顔見知りになると、子どもが心を開くようになり、より真剣に話に耳を傾けるようになる。１回限りではなく継続的な活動になっている点が、他の多くのスポーツ交流活動と違っている。

坂本はそのとき、約40人の子どもたちに語りかけ、当時18歳の男性と女性の肩を抱いて励ました。この春で高校を卒業し、施設を退所して社会に出る2人だった。家庭内での暴力や性的いやがらせを受けて中学3年から施設に入所し、生活してきた女性は、「将来のことが不安だけど、勇気づけられた」と涙をこぼしながら話した。

自身も虐待され、児童養護施設で育った坂本。同じ境遇の子どもに向ける言葉に遠慮はなく、ストレートに物事を伝える。

「自分の影を見て、忘れたい出来事、恥ずかしい出来事、思い出してみて。

人には光と影がある。うれしいこと、悲しいこと、怒ったこと、色んな思いがこの胸の中にある。楽しい部分を表にして生きていくのか、自分のいやな部分を表にするのかは、おまえたち次第なんだよ。どうせなら楽しい部分を表にして生きていきたくないか。そのためには、明日から来週からではなく、今これから頑張れ」

「影の部分を忘れちゃだめだ。影があるから今の俺がいる。施設に引き取られたとき、命がぎりぎりだったよ。大人たちの都合でごはんが食べられず、学校の給食だけで生き延びた。この一食ですら、胃に受けつけなくなる拒食症という病気になった。弟は学校に行く途中、栄養失調で倒れた。それで施設に入った。いつもいじめを受けていた。理不尽な暴力。歯も抜けて血だらけだったよ。ヤカンで熱湯をかけられたやけどの痕があるよ。消したいよ、忘れたいよ。でも、この忘れたい出来事があるから今のさかもっちゃんがいるよ。されていやだったことをしない人間になろう、大人になって結婚してお父ちゃんになったときには、ぜったいにしないと思ってきた。だから、影を忘れるな。おまえたちがいやな思いをした分、今度はそれをしない人間になってくれ。そうすれば、虐待の連鎖、貧困の連鎖は止まるんだよ。誰かが止めるんじゃなくて、おまえたちが止めてみろ。できるから」

日本で、世界で、ナンバー1になるという夢を追い続け努力するスポーツ選手は、よく夢を持とうという話を子どもたちにする。坂本の話は、「夢を持とう」だけでなく、夢を持ちたくても持てない状態にある子どもたちもいるということを念頭に、では、どうすればいいのかということまで話すのが印象的だった。困難な状況にある子どもたちは、夢や目標を持とうとしても、その度にそれを許されない状況に直面して、夢や目標を持つことを諦めていたり、夢や目標というものが全くわからなかったりするケースも多い。坂本は、そのことをわかっていた。そこで、子どもたちに、夢を見つけるためにどんなアクションをすればいいのかを語りかける。

「そして夢。夢は必ずつかむことができる。思うだけじゃだめだぞ。自分たちでつかみ取る。行動で夢に近づいていく。どうせだめだと引きこもっていたら、夢は見つからない。お金がないなら、図書館で本を読め。人が集まるところに行って色んな大人と出会おう。行動すれば、夢のヒントがいっぱい落ちている。行動する一生懸命な人を、人は応援するんだよ。そして応援されることによって、人はもっともっと頑張ろうという気になるんだよ。俺でもできたんだ。『さかもっちゃんは根性があるからとか、強いから』じゃねえんだ。初めから強い人間はいねえから。頭を使え。迷ったら、周りにいる先輩や先生に聞け。先生が教えることができないことでも、この人ならという人をつなげてくれる。聞くことも、夢をつかむための行動。できることを一歩、半歩、すりあしでもいいから前に進んでいこう」

子どもたちに夢の見つけ方を伝えるとき、念頭にあるのは自身の経験だ。児童養護施設で、先輩に絡まれるがいやだからといって自室にこもるようなことはしなかった。上級生が見ていたテレビを何となく一緒に見ていて、ボクシングを知った。その後、図書館でボクシングの本を探すと、練習方法をメモして持ち帰り、情熱を傾けていくようになった。

坂本は取材に対し、自分の思いや考え方を披露した。

「二十数年、この活動をやってきて思うのは、1回の訪問

子どもにミット打ちを体験させる坂本博之　© 朝日新聞社

で終わってはだめだということ。複数回行くことで、子どもの波長、目線に合わせられる。時代が変われば子どもの価値観も変わる。よく、夢を持てという人がいる。でも、夢を持てない子がいる。親もいないお金もない。生きてきた中で、夢に向かって行動することすらできなかった子がいる」。一方で、「『今の子は夢や積極性がない』と言う大人がいる。しかし、子どもをそうさせているのは大人の責任だ」。坂本は、東京に働きに出てきた子はもちろん、全国の児童養護施設を退所した青少年の相談相手もしていた。

坂本は、3月の訪問時の話の締めくくりに、子どもたちにこう語りかけた。

「これから、もっともっと色んな出来事がある。悲しいことも、つらいこともあるかもしれない。それ以上に楽しいことが待っているからな。だからこそこれをあえて言う。つらいときこそ、前に出ろ。そこには笑顔しかないから。頑張れ、今を頑張れ。今を熱く生きてくれ。よろしく」

スポーツは青少年の健全な成長にいい影響を与えるとされている。それを掲げ、スポーツ選手やチームが、少年少女と交流する様子を、著者は何度も見てきた。その多くは1回だけの交流だった。それが心の中にすごく大きな思い出として残り、頑張るきっかけにできる子もいるとは思う。しかし、何かを頑張ることと距離を置いている子どもに対して、もっと効果的なものにするためにも、同じ子どもと何度も同じ時間と空間を共有し、思いをくみ取り、繰り返し大切なことを伝えていくことが必要だ。

米国テキサス州には、スポーツを活用して子どもの更生に成功している少年院がある。その施設で平均30～40％ある退院後の再犯率は、スポーツ更生プログラムを受けた少年に限ると10％以下になるという。

テキサス州ダラスから北へ、車で1時間半。オクラホマ州との境に近い小さな町、ゲーンズビルにその少年院「ゲーンズビル・ステート・スクール」はあった。敷地は金網のフェンスに取り囲まれ、その上部には有刺鉄線が張り巡らされていた。全ての手荷物チェックを終えて門を入ると、アメリカンフットボールプログラムを担当するウォルト・スコット監督らが出迎えてくれた。

「スポーツプログラムは、少年の態度を変え、社会の偏見を変える」と同スクールの職員は口をそろえる。「少年は、挑戦することを覚え、努力すればいいことがあると知ることができる。また、励まし合いながら協力するようになり、チームプレーヤーになっていく。力を合わせれば、1人ではできなかったことも乗り越えられることがあると身をもって知ることができる。指導しなくても、自分たちで勝手に、お互いを励まし合うようになる。誇りや自尊心も芽生える。組織、集団の中で、うまく立ち回っていくこと、自分の役割は何か、他の人を助けることのよさなど、全てを学ぶことができる」

テキサス州では、コミュニティーサービスなどの義務を課して罪を犯した少年を更生させる。しかし、非行が重大でそれだけでは不十分と裁判所が判断したり、それが失敗したりした高校生世代の男子がこの少年院に入る。

ゲーンズビル・ステート・スクールにいる少年が犯した罪は、窃盗、傷害、禁止薬物の使用など様々。強盗や殺人のような重罪を犯した少年もいる。約300人が、高校卒業資格、パソコンの操作法などを学ぶ。集団生活を通じて、社会やグループの中での態度を身につけ、人の役に立つことの喜びを感じられるようにしていく。生まれてきたことを喜んでくれる人がいると感じるための誕生会も行っていた。

スポーツ更生プログラムは、1990年代半ばに、規律を守る人格づくりを目的に始まった。特徴は、金網の外に出て行う対外試合が多いことだ。

地域の高校に出向いて、バスケットボール、アメリカンフットボール、陸上で対戦する。アメリカンフットボールでは、年間に10試合、1試合最大で28人が遠征に帯同する。その遠征メンバーに選ばれるためには、「市民のための態度」という評価項目で最高のレベル5を獲得する必要がある。つまり、院内である程度努力が認められた少年だけに与えられる特権のようなものだ。練習では、けんかをしないように、感情を制御し、役割分担をしっかりして、助け合ってプレーするように促す。

少年院を管轄する州少年司法局の広報担当者は、「少年にとってスポーツができることは特別なことで、参加したくて、厳しい条件をクリアしようとする」と話す。凶悪な罪を犯した少年ほど、遠征に参加する条件が厳しくなっている。それでも、1試合だけでも出場しようとして努力するという。条件をクリアした少年が少なく、オフェンス11、ディフェンス11のポジションがあるアメリカンフットボール遠征にわずか12人で行ったこともあるそうだ。

少年院職員のドッティ・ルーラは「遠征中、地域住民との交流が生まれて少年を成長させる」と話す。当初は偏見の目で見ていた住民が、試合で真剣な少年たちを応援するようになり、差し入れをしてくれることが増えた。すると、少年も、住民らにいい印象を持ってもらおうとして行動するようになった。

スコット監督はこう話す。

「いいことがたくさんあるので、院外へ出るために、少年たちはすごく努力します。マクドナルドのハンバーガーも食べられるので、たぶん、そのために努力している者もいる（笑）。努力をすればチャンスが巡ってくることを覚えます。

子どもたちは、院外に出るとどんなにいい扱いをしてもらえるかを知っている。その時間は、シンデレラみたいな存在になれるのです。ボランティアの人がすごく良くしてくれて、ケーキ、アイス、バーベキューのハンバーガーを差し入れてくれる。外の光を見て、マーチングバンドを見て、相手チームのチアリーダーを見て、経験したことも見たこともないことが待っている。それは彼らへのご褒美です」

別の職員はこんな話をした。「少年は、自分たちに何をしてくれるのか、だけでなく、相手の好意に対してどうやってお返しをしていくのかを考えるようになりました。私たちのチームが他のチームを招くときは、招かれたときにやってくれた親切なことを、自分たちもしようとしていた。最初は自己中心的で暴力的で他人をどうでもいいという態度をとっていた男の子たちだったのに、試合中に誰かが倒れると、それが相手チームの選手だったとしても、一番最初に駆け寄って手を差し出すようになりました。このスポーツは、ぶつかることが当たり前なのに、それでも、ぶつかったことに対して謝る子もいる。なぜかというと、いい印象を残したいと思うようになるからです」

誰か脱走を試みた者はいたか？　という質問に、「遠征中はいいことばかりだから、誰も逃げようとはしないよ」とスコット監督は答えた。ただ、けんかなどのトラブルはあったという。ひざを蹴られて、やり返した少年は、2週間、院外に出ることを禁じられた。その後、感情を上手にコントロールするようになり、再び試合に出るようになった。

スコット監督は、ここを出た他の少年たちのその後のことを紹介してくれた。「大学に行ってコーチになりたいと言い始めたんです。そして、勉強して、本当に大学に行ったんです。これが本当の成功です。本当に驚くべきこと。だから、諦めてはいけない。米国のスポーツメディアが、ここの卒院生のその後の生活を取材したことがある。チームにいた少年たちは、昔のようにトラブルを犯した者は1人もいなかったそうです。ある子はビジネスをスタートさせた。レストランのマネジメントをしたり、デパートのスーパーバイザーをしたりしていた。何人かは大学に行って、犯罪からは離れていた。すごくうれしかった」

日本の少年院も、体育やクラブ活動に取り組んでいる。施設の外ではないが、施設内で年に1、2回、外部の人との練習や試合を行っているところもあった。

茨城県の水府《すいふ》学院は、2007年から年に1回、ラグビーを通じた教育を行っていた。外から訪れた指導者たちと集団でパスを回す練習をするとき、少年たちはとても楽しそうだという。楽しみながら、ルールを守って協力することを身につけられると、2012年度はその教室を2回に増やした。静岡の駿府《すんぷ》学園では、月に1回、出院の近い少年と地域の住民がビーチボールを使ったバレーボールで交流した。地域住民との交流は、モデルとなる健全な大人と出会え、教育効果を上げる機会だと位置づけられている。多くの外部の人に少年の活動を認めてもらえる交流ができれば、より効果が高いとしている。

リーダーを育成する大学スポーツプログラム

「かつて、大学スポーツが非行の温床として問題となった時代からは様変わりした」

ジョージア工科大学の元体育局長、ホーマー・ライスは、２０１２年のインタビューで、そう感慨深げに振り返った。

フロリダ大学アメリカンフットボール部で全米制覇をしたティム・ティーボウやジェフ・デンプスが、学生時代から社会貢献活動に熱心で学業成績も優秀だったことは、１２０、１２４頁で紹介した通り。２人のような大学スポーツ選手は、特殊な例ではなくなってきている。米国の大学スポーツでは、「知・徳・体」の全てに優れたアスリートを、なるべく多く育てようとしてきた。その結果、トッププロ選手並みの尊敬を集め、運動部活動に関係する多くの寄付金も引き寄せている。

ライスが作ったプログラムが、大学スポーツ選手や運動部が変わる転機の一つだった。選手に運動以外の力を身につけさせた。

「スポーツで重要なのは勝ち負けだけではない。大学のスポーツ選手は、人生に必要な全ての教育を受ける必要がある。スポーツの成功は、人としての成功の上にある」

コーチ業を通じて、そんな思いを抱いていたライスは１９８０年、トータル・パーソン・プログラム（人格形成プログラム）を作った。米プロフットボールリーグ（ＮＦＬ）のシンシナティ・ベンガルズ＊のヘッドコーチからジョージア工科大学の体育局長になったときだ。それが今、スポーツを支え、国を支える人材を育成するプログラムと言えるものに発展した。

１９８０年代、大学のスポーツ選手の非行は米国で社会問題になっていた。

「プログラムを作った当時、スポーツ推薦で入学した運動部員が授業についていけず、競技場のロッカー室で発砲事件が起き、大学周辺の治安は悪化した。プロに進んだ後の離婚率やプロ引退後の失業率の高さも目立った。社会全体の治安も悪化し、過剰な個人主義で家庭や地域社会が崩壊しつつあった」とライスはその時代を振り返る。

そこで、大学スポーツ選手を変えようと、新たに学業第一のプログラムを

＊シンシナティ・ベンガルズ　アメリカのＮＦＬチーム。オハイオ州シンシナティが本拠地。１９６８年ＮＦＬ加盟。

大学で作った。まず、教育への意識を改めるよう、スタッフやコーチに促し、各部に最低1人は学業担当のコーチを置くようにした。このコーチは、部員に何をどう学ぶかを助言する。将来の人生設計を描けるように、幅広い分野の専門家を招いて部員向けの講演を開き、仕事を体験するインターンシップにも時間を割いた。サボる学生がいれば、1人につき、ヘッドコーチに25ドルの罰金を科した。

授業に出なければ練習や試合に出られないルールにしたこともあって、始めた当初は各部のコーチからの反発もあったが、ライスは折れなかった。開始5年後、アメリカンフットボールは全米トップ5に入るようになった。バスケットボールはリーグ制覇、野球も勝ち越しをし、リーグで優勝を争うレベルに。ゴルフも少しずつ良くなっていったという。そして次の5年で、各部は全米制覇を掲げて強化にもさらに力を入れるようになり、反発の声は聞こえなくなった。

その頃ライスは、1996年のアトランタ五輪を利用し

ホーマー・ライス　©朝日新聞社

て、選手や人材育成のレガシー（遺産）を残すことを計画した。当時のジョージア工科大学のスポーツ施設は、全米で最も劣化していると言われていた。そこで五輪の施設を大会後に大学で利用する計画を立てた。

ボクシング会場をバスケットボール部が利用する体育館に転用。五輪で使ったプールも、主に学生が利用する施設になり、後に全米大学選手権が行われた。五輪のために、サッカー練習場、陸上サブトラック、野球練習場も整備した。アトランタ五輪の選手村担当シニアアドミニストレーターでもあったライスは、資金集めにも奔走。基金を立ち上げ、パンフレットを作ってチャリティーの食事会を行うなどして資金を集めた。五輪選手村として利用した施設は、五輪後に大学の学生寮になった。五輪のために建設した施設を、トータル・パーソン・プログラムを学ぶ施設に変えたものもあった。

ライスが体育局長に就任した80年当時、33％だったジョージア工科大学の運動部員の卒業率は、在任17年で87％まで改善されたという。学業とスポーツを同時に改善したそのプログラムは評価され、約10年後全米大学体育協会（NCAA）がチャンプス・ライフスキル・プログラムとして採り入れ、その後全米に広まった。

ＮＣＡＡは、部員の学業重視と奉仕活動の支援を掲げ、シーズン中の練習時間を、コーチの監督下では週20時間に制限した。スポーツ活動に参加するための学業成績基準も設けた。一定の成績以下の部員は、練習にも参加できない。

ライスは各大学に招かれ、各大学のプログラム作りを手伝う活動をするようになる。ライスの説明では、ストレスへの対処法、時間の管理術、性的暴行や暴力を防ぐ方法や薬物やアルコールの知識、エチケットやビジネスマナー、プレゼンテーション、メディアの取材への受け答えを身につける授業なども各大学で設けられていった。フォローアップの教育も提供し、フィードバックもした。

大学のスポーツ選手は、地域への奉仕活動も必ず行う。例えば、非行少年や若くしてシングルマザーとなった少女が通う学校を訪ねて相談相手になったり、ホームレスの少年少女の施設におもちゃを届けたりした。地域の小学校に出向いて児童と一緒に本を読み、マラソン大会がある学校で児童と一緒にゴールセッティングをする部もあった。各部には、地域貢献活動を担当する部員がいる。その部員が中心になって、地域で問題になっていることや、それに対して自分たちができることなどを話し合い、部員たちが活動を企画する。

ライスは、全人格的教育を受ける大学スポーツ選手の社会的な評価について、こう語った。

「朝6時に筋力トレーニングを始め、午前中に授業を受け、午後に練習をし、その後自宅で勉強する。自らを厳しく律して時間を管理することが必要だ。スポーツでも学業でも成功し、奉仕活動を通じて社会を学んだ学生は、企業や組織から引っ張りだこで、就職に困ることはまずない。このような変化をもたらしたプログラムは、大学の体育部門の収入増にもつながった。ジョージア工科大体育局の年間収入はかつての250万ドルから5000万ドルに増えた。テレビの放映権料と寄付が大きな収入源となった。国の未来を担う若者を育てるプログラムの存在は、テレビ局、スポンサー、寄付者にとって、社会のために資金を出しているという理由づけになる」

「ジョージア工科大の学長は『文武両道を実践し、社会貢献を通して鍛え抜かれた若者は、大学を代表する親善大使のようなものだ』と話している。

米国の大学スポーツは大きな注目を浴び、ミシガン大学のアメリカンフットボールスタジアムを筆頭に、約10万人を収容できる競技場が10カ所ほどある。バスケットボール、ゴルフ、ホッケー、野球など幅広い競技で全米優勝したチームがホワイトハウスに招かれるのも慣例となった」

トータル・パーソン・プログラムに誇りを持っているライスは、人生の中での最も誇らしいことは別にもあるといい、こんな話も披露した。「高校のコーチを始めたときに、地元の刑務所で囚人のフットボールチームも、同時にコーチをしました。そして彼らの社会復帰を支援できたこと、彼らがその後社会に戻って、模範的な市民となっていったことが、NFLのヘッドコーチ経験を含め、私の長いコーチ経歴の中で最も誇りに思っていることです」

米国に留学してスポーツでも活躍を目指す日本人の支援をしている庄島辰《しょうじまたつ》大《ひろ》は、「様々な人種が集う中で、仲間を引っ張るリーダーシップが求められるアメリカンフットボールは、米国ではリーダー養成プログラムとされている。ビジネス界などでも認められ、強固な人脈ができる」と話す。

アメリカンフットボールは、走るのが速い人、ボールを取るのがうまい人、体の大きな人、分析力や観察眼に優れた人、人種、宗教、民族、習慣や考え方が多様な選手がチームを組織する。それら多様な選手の特長を生かして役割分担をし、全員がチームのために働き、前進して得点を目指す。スポーツは、多様な人が暮らす米国社会で、ユナイト（団結、結束）の象徴となる。

多様な個性集団をまとめ上げてチームを勝利に導くスポーツのリーダーは、社会全体から尊敬を集めるようになった。米国では、選手やコーチの言葉、心構えやリーダーシップに学ぼうとする意識も社会に根づいている。

ワシントン大学アメリカンフットボール部でヘッドコーチを務めたジム・ランブライトは、「リーダーにとって重要なことは、フォロワーを作り出すのではなく、リーダーを育てることです」と、その指導哲学を語った。

「大事なことはコーチが選手に敬意を持って接すること。信頼関係を選手と築くこと。選手たちには素晴らしい可能性が秘められています。そうした可能性を最大限に引き出すことです。そうすることで次のリーダーになっていきます」

コーチ時代、多くの選手が過ちを犯したという。飲酒によるトラブルや、交通事故――。そんなとき、罰を与えつつ、決して見捨てず、手助けをしてきた。チーム全体で過ちを共有し、過ちを犯した選手の謝罪を受け入れ、更生の機会を与える。「コーチが問題の中心にいて、若者に過ちを犯したことをしっかり認識させ、正しい方向へと導いていかねばいけません。残りの人生を正しく生きていけるように、導いていくのです。過ちを犯し、いったん罰を受けても、また戻ってやり直すチャンスが巡ってきます」

このあたりの考え方は、日本の部活動とは少し違う。日本では部員が法を犯した場合、退部や退学をさせるケースが米国よりも目立つ。米国では、罪を犯した部員の退部を求めるのではなく、社会の厳しい目にチーム全体がさらされる中で更生の機会を与え、チーム全体で過ちを受け止めるということを重視しているように著者は感じた。

ランブライトはワシントン大アメリカンフットボール部の守備コーチだった1991年に全米制覇を成し遂げ、その後ヘッドコーチに昇格。同職を1998年シーズンまで務めて退任すると、コーチ経験を生かし、2002年からリーダーシップ構築の仕事をするようになった。「国内外の国家や企業のリーダーシップ構築、チームビルディングが主な仕事でした。ネルソン・マンデラ大統領*がいた南アフリカで政治のリーダーに助言し、米国防総省ペンタゴンの幹部と一緒に、リーダーシップ構築を行いました。そしてコ

＊ネルソン・マンデラ
1918-2013
1994～99年まで南アフリカ大統領。アパルトヘイト撤廃活動に取り組み、1993年にノーベル平和賞を受賞。

リン・パウエル国務長官とも、シアトルで一緒に仕事をしました。その他、イギリスなど様々な国々のリーダーシップの構築に関わりました」

ランブライトは、自身の半生を振り返り、日本人のアシスタントコーチとの関わりにも言及した。「私のコーチとしての最後の年に、日本から若いコーチが修業にきました。チームにとって可能性を引き出す上で、大変役立つものとなりました。違った価値観を受け入れる思考法こそ、ペンタゴンで生かされたことと同じです。アジアでも、ロシアでも、国が違っても、培った思考が違っても、常に価値観を認め合うことができる思考を育むことができれば、可能性は無限に広がっていきます」

著者がワシントン大を訪れたのは２０１２年。当時は、スティーブ・サキージャンがアメリカンフットボール部のヘッドコーチを務めていた。彼の部屋の入り口には、学業成績上位の選手名と、一定期間の間に学業面で最も向上した選手の名前一覧が掲示されていた。同部が、学業をスポーツの成績と同じように重視しようとしている姿勢がうかがえた。

日本では、早稲田大学が２０１４年、米国のＮＣＡＡを参考に、早稲田アスリートプログラム（ＷＡＰ）を作った。試合や練習に参加するための学業面での基準を作り、ボランティア活動にも積極的に参加するように促している。選手らは、視覚障害者ランナーの練習で伴走を務めたり、地域の学校に出向いて部活やクラブ活動などの支援を行ったりしている。東日本大震災の被災地で同じスポーツをする児童・生徒たちと交流することもある。

２０１１年から、２０１５年の10月末までに、体育各部の学生ボランティア１１７３人を東北３県に送り出した。岩手県立宮古高校柔道部から「震災の影響で練習ができないので、インターハイに出場する選手の練習相手をしてほしい」という要請を受け、早稲田大学の学生３人が宮古高校を訪れた。別の機会には、早稲田大学柔道部のＯＢと現役部員15人が、使用不能となっていた岩手県立高田高校、大船渡市立大船渡中学校、大船渡市立第一中学校の体育館に、畳２２４枚を運び込んだ。早稲田大学柔道部が長年使っていた畳をトラックで運搬した。畳を敷き終わると、そこで合同稽古を行った。そんな交流を経験した宮古高校の佐々木碧衣は、その後早稲田大学に入学し、柔道部女子の副将として活躍した。

日本は２０１７年になって、日本版ＮＣＡＡを作ろうという動きが加速している。米国のＮＣＡＡは、元々は選手のけがを防いで安全を確保する目的で作られたもので、その後機能を増やしていった。日本版ＮＣＡＡでも、安全面の他、大学スポーツの産業化、学業面でのルール作りなどをテーマに、どんなあり方がいいのか、スポーツ庁を中心に、議論が進んでいる。

羽生結弦の思い——スポーツと復興支援

２０１４年ソチ五輪で、印象的だったやり取りがある。

ソチ五輪で日本唯一の金メダルを獲得したフィギュアスケート男子の羽生結弦の、金メダル獲得直後の記者会見だった。「オリンピックチャンピオンなのに、笑顔がない」。そう問われた羽生はこう語った。

「ベスト（のフリー）ができなかったというのも、その通りですし、実感がわかなかったのも、その通りだと思うんですけれども、やっぱり、先ほど、二つほど震災のことについて、質問されたときに、本当に何と言っていいかわからなかったです。はっきり、自分で何ができたかと言われると、自信を持って、これができたとは言えるものがなかった。そういうことを考えていたら、（震災後の練習拠点として）トロントに行って、震災が起きたところから離れて、本当に良かったのかなと。笑顔がない理由というのは、震災のことが大きい。ぼくは何ができたのかなというのが大きい」

平昌五輪で連覇を達成した直後も、震災のことに対する発言は慎重だった。

「ぼくは内陸部の人間だった。それでもガスも電気も水もない生活は大変でした。それ以上に苦しんでいた方々がたくさんいることを、津波や原発による被災地に行って思いました。ソチ五輪でも質問をされて、どういう風に答えたらいいか分からなくなった自分がいて、そのときの自分になんて言ってあげたらいいかいまだに分からないです。自分が金メダルを持って、被災地の方々に挨拶をしたときにたくさんの笑顔を見ることができたので、今度はちょっと自信をもって、また笑顔になってもらえたらいいなと思っています」

2011年3月11日午後、東日本大震災が発生した。羽生は、仙台市内のリンクで練習中だった。スケート靴を履いたまま外に飛び出す。靴はボロボロになった。一家4人で避難所暮らしをし、親が3時間並んでやっと手に入れたスナック菓子一袋を頬張って飢えをしのいだ。寒くて、ダウンジャケットを着た上から羽毛布団をかぶった。

10日ほど経って、練習を再開するために車で日本海側まで行ってから、空路で羽田空港へ。かつての恩師、都築章一郎が拠点とする横浜市内のリンクへと向かった。そのとき、羽生は涙をこぼしたという。

被災し、住んでいた仙台のリンクも使えなくなった。横浜市でも30～40分ほどしか練習できない。練習時間確保の意味もあって、全国各地で約60回のアイスショーに出演した。そこで、リンク運営側の好意を受けて、合間に練習を積むことができた。

羽生は振り返る。「あのシーズンを通してすごく変わっていきました。ファンの方に対する思いとか、ファンの方々がどれだけ支えてくださっているのか改めてわかったシーズンだったし。また改めて練習に対しても、真剣に向き合わなきゃと思わせられました」

「本当に（リンクの使用料を）全然取らなかったし、八

神戸で行われた東日本大震災復興チャリティーで演技する羽生結弦　© 朝日新聞社

戸、神奈川、色々回ってきましたけど、どんなところでも自分のことを快く引き受けてくださったし、むしろ行くよりも先に『こっちにきてください』というお声をたくさんいただいて、ものすごくうれしかった。あのとき、四大陸選手権２位、ぐらいの成績しか取っていなかったですけど、あれだけ支えてくださる。ぼくにとってものすごく大切なシーズンだったと思います」

特に、神戸での経験が大きかったという。

「自分自身の震災の思いを『白鳥の湖』に乗せて滑ったんですが、それを見て、たくさんの方々が拍手をしてくださって……。神戸という街は、阪神淡路大震災を経験して復興した。ぼくが勇気づけられた。そう感じました。だからこそ今は、スケートに本気で向き合えていると思います。神戸に行っていなかったら、本当にスケートもあいまいになってしまっていたのではないかと」

それでも、首都圏で感じる余震で恐怖心がよみがえる。被災しても頑張る若手スポーツ選手としてメディアの取材を受け続けたときに、感じていた無力感もあった。大きな余震が起きた直後は精神的に落ち込み、滑れなくなった。様々な感情が入り乱れ、６月、羽生はせきを切ったように突然泣き出した。母から「頑張らなきゃね」と声をかけられた。数日、ふさぎ込んだ後に羽生は母に告げた。「そうだね。もう泣いたから大丈夫」

心身共にリフレッシュしようと、羽生一家と都築は入浴施設に出かけたことがある。スケートのことも忘れる目的で、たわいもない会話ばかりだったという。ただ、その合間、都築は、羽生がぽつりと口にした「こういう状態の中で、続けていいのか、葛藤した」という言葉が印象的だったという。

そして、羽生は決心する。「ぼく自身（復興のために）何かしなきゃという思いもあるんですが、そう思っても結局、何もできなくて終わっちゃう。だったら、もっともっと真剣にスケートに向き合って、せっかく支えてくださっていることを真剣に受け止めてやっていかなきゃなっていう風に、ぼくは震災のシーズン、最後の大会でそう思いました。それがロミオとジュリエットです」。２０１１～12年シーズンの世界選手権で3位になった演技には、そういう思いがこもっていた。

そして、ソチ五輪。フリーを演じ切った後、羽生はぜんそくの発作に近い状態になったという。懸命の演技で金メダルを獲得した直後や、翌日の会見で、羽生は改めて震災について抱いた感情を語っている。

「ぼくが津波や地震のことを言っていいのか、まだわからない。オリンピックのゴールドメダリストになれても、すごい無力感を感じます。何もできていないと感じます。オリンピック金メダリストになれ、そこからスタートなんじゃないかなと。そこから復興のためにできることがあるのではないかと思います」

「ぼくは震災後にスケートができなかった。本当にスケートをやめようと思って、本当に生活することすらも精いっぱいで、ギリギリの状態で、たくさんの方に支えられてここまでくることができた。東北を支援してくださったみなさま、たくさんの方々に感謝の気持ちを持たないといけないと思った」

「荒川静香さんや小塚崇彦選手、たくさんのスケーターがチャリティーイベントを企画してくれて、ぼくはやっとホームリンクで滑ることができるようになった。オリンピックで金メダルを取ることができたので、将来、チャリティーイベント、感謝の気持ちとして何かができたらなと思います」

「金メダルをきっかけに、途絶えてきたボランティアや募金、復興に対する一歩を踏み出していただけたらうれしい」

羽生は、社会の中における自分の立場と、何を社会にお返ししていけるのかを深く考えるようになった。自叙伝『蒼い炎』の印税を約１１６４万円、『蒼い炎Ⅱ』の印税約１３６７万円、全額を仙台市のアイスリンクに寄付。それらは、バスや券売機を新しくすることに使われている。羽生は２０１４年の4月10日、朝日新聞のインタビューで、「ちっぽけだが、それを知ってもらい、『寄付したい、ボランティアをしたい』という方が増えてくれれば。競技者は勝てば注目が集まる。だから、勝つしかない。金メダルを獲得し、重いものを背負っている。現役引退後は直接的な支援活動もしたい」と語っている。

羽生が将来の希望として語っている「直接的支援」。被災地で、大きな成果を上げた取り組みがある。笑うこともできなくなっていた被災地の子どもたちに、意欲を取り戻すきっかけを与えた。宮城県石巻市立大川中学校の生徒と、当時、バスケットボールのｂｊリーグ＊参加チームだった仙台８９ＥＲＳ＊のチアリーダー「８９ＥＲＳチアーズ」との交流だ。

＊ｂｊリーグ
日本プロバスケットボールリーグの通称。２０１６年にNBLと共に発足したB・LEAGUEに統合された。

＊仙台89ERS
２００５年創設。B・LEAGUE所属のプロバスケットチーム。東日本大震災で一時活動休止した。

大川中は、津波で児童・教職員84人が犠牲になった大川小学校の児童の進学先だった。津波で多くの児童が亡くなったため、その新年度、21人が予定されていた新1年生の入学者は4人だけだった。2011年度の大川中の生徒は38人で、そのうち11人が弟や妹など同居家族を亡くした。3人兄弟だった生徒は「一人っ子になった」と言った。笑わない生徒もいた。

2011年6月以降、チアーズは定期的に大川中を訪問し、ダンスの授業をするようになった。被災地訪問活動で訪れた彼女たちに、女子生徒の1人が「ダンスを教えてほしい」とお願いしたことがきっかけだった。

しかし、ダンス授業が始まっても、生徒に活気は戻ってこなかった。チアリーダーが助言をしても、返事が返ってこないことも。学校の先生や、チアリーダーは困った。「こんなにつらい体験をした子どもたちに、なんて声をかければいいのだろうか。怒ってもいいのだろうか」

その年の9月に〝事件〟が起きた。

「わかったなら『ハイ』、わからないなら質問して！」。覇気のない様子を見かねた、チアリーダーの石河美奈ディレクターが強い口調で言ったのだ。生徒は震災後、こんなに叱られたのは初めてのことだった。石河さんは生徒たちをこう諭した。「あなたたちが受けた被害に心を痛め、多くの人が色々な支援をしてきた。でも、いつまでも人が助けてくれるわけじゃない」

生徒たちは、その言葉にハッとした。生徒の1人、尾形響聖《きょうせい》は「『何で怒られるの』とは思わなかった。一生懸命ぶつかって指導してくれるから」。次の授業は「おはようございます！」と、大きなあいさつでチアリーダーたちを迎え、指導を受けた。「ちゃんとあいさつしろよ」と声をかけ合い、おとなしかった生徒が「ぼく、何かもう1回踊りたくなりました」と言った。

石河は「初めは、かわいそうだから仕方がないと思っていた。けれど、将来、大川中の出身だからといって、いつまでも甘くされ続けることはない。だったら、今言わないといけないと思った」と、このときの葛藤を語っている。

この出来事が、生徒とチアリーダーとの距離を急速に縮める。生徒とチアリーダーは何でも話せる間柄になった。

ある女子生徒は「脚が傷だらけになったから出したくない」と、夏でも長ズボンをはく理由をチアリーダーに打ち明けた。津波にのまれたときに、必死に浮遊物に摑まって助かった。脚の傷はそのときにできたものだ。入学当初は無表情だった別の女子生徒も、ファッションの話で盛り上がった。

武山佳矢《かや》は「つらいけど、明るさと元気で乗り越えられるとわかった。ダンスのときは目標を持てた。仕事や、夢に向かおうという気持ちにもなれた」、佐藤翔太は「地震で他の人が色んなことをしてくれた。次は自分が何かをしてあげたい。怒られなかったら、こうはなっていなかったかもしれない。怒られて良かった」と、それぞれ語った。

チアリーダーが大川中の生徒と重ねた交流は17回。授業を見守った千葉正人先生は「歌手がきてくれた1日限定の支援もありがたいが、何度も悩みも聞いてくれたチアリーダーたちの支援は特別」と話した。

２０１２年、生徒は「最後に、お礼として試合の応援をしたい」と提案をした。生徒数が減り、次の春に近くの中学と統合されることが決まっていた。８９ＥＲＳの試合のハーフタイムで踊ることが決まり、「ぐっと足をつかんで」「脇をしめて」と生徒たちは声をかけ合い、練習に一層、力を入れた。「本番では完璧に踊って見せます」と誓った。永沼脩《しゅう》は「元気で明るい生徒たちです、というところを見せたい」と意気込んだ。

ダンスを披露した12月24日、生徒たちが受けてきた指導の成果を見せると、観客から大きな拍手が起きた。

佐藤優太は「客席から大きな拍手をもらって緊張がほぐれた。試合にも勝ち応援のかいがあった」。練習を見守ってきたチアリーダーの伊藤鈴美は「練習よりもみんなが楽しそうに踊っていて、うれしかった」と節目の取り組みを喜び合った。

これからの人生を歩んでいくために、生徒たちには意欲が必要だった。先生や親たちも、それを取り戻してもらうすべがわからなかったとき、石河は生徒を叱った。これは、コミュニケーションのハードルが下がるというスポーツの長所が生きた、スポーツによる社会貢献活動のモデルとなるような活動だった。

スポーツはミスや失敗がつきものだ。ミスや失敗をしても、人生や人格が否定されるわけではない。むしろ、ミスや失敗は、成功への第一歩というポジティブなとらえ方もできるから、良くなかったときに注意しやすいし、小さな成功を積み重ねる喜びも、比較的簡単に得ることができる。

生活でとてもつらい体験をした大川中の生徒を石河が叱ることができたのは、日常生活から少し離れた、非日常のスポーツの場だったからということがあるだろう。

この活動を通じて、妹を亡くした女子生徒が「恥ずかしかったけどうれしかった」と、チアリーダーにお礼を伝えた。同じように妹を亡くした生徒は、トレーナーになろうという意欲を持ち始めた。進学後にチアリーディングを始めたいという意欲を持った生徒、あまり登校しなかったが、ダンスの日は欠かさずきた生徒もいた。手紙で「カツを入れられたので、誰よりも大きな声であいさつしようと決めました」とお礼をつづった生徒もいた。ある生徒の保護者は「大人はこの出来事を乗り越えられないけど、娘が頑張っているのを見て、子どもはすごいなと思った。目標を持って頑張る力があるし、娘が笑ってくれているのを見て力をもらっているんです」とこの活動について語った。

自分たちが社会に対して何ができるのかを強く意識するようになったのは、羽生や、東北を拠点とするスポーツチームやアスリートだけではない。日本中のアスリートたちが、東日本大震災をきっかけに、自分たちに何ができるのかを考えるようになった。プロ野球選手や、プロサッカー選手によるチャリティーも増えた。

Jリーグ鹿島アントラーズの小笠原満男*は、岩手県の大船渡高校出身だ。被災地に物資を送り続け、復興祈念のサッカー交流会開催や、支援活動をするJリーガーの会の発足にも動いた。何度も陸前高田市や大船渡市などの避難所を訪れ、サッカーの試合で勇気づけることにとどまらない、それ以上の支援の必要性を感じていた。

小笠原は「復興には息の長い支援が必要」と、「東北サッカー未来募金」を東北サッカー協会と立ち上げた。「未来」という募金名に復興への思いを込め、趣意書に「地域社会を照らす」という文言を入れた。知人の広告業者やデザイナーの無償協力を得て広報ポスターも作った。

被災地に足を運ぶから、必要なものが何か、被災者の声が直接、小笠原に届く。「ボールを蹴る場所がない。仮設住宅だと、うるさいって怒られる」。そんな子どもの言葉を聞いたことがきっかけで、2013年4月、大船渡市の被災した小学校跡地にサッカーや野球ができるグラウンドを造った。市が土地を提供し、地元の建設業者が整地。サポーターが寄付をした。

小笠原は2015年1月17日に掲載された朝日新聞のインタビューで、

*小笠原満男(おがさわら・みつお)1979年生まれ。岩手県出身。1998年から鹿島アントラーズで活躍。東日本大震災後、復興を目指し柴崎岳、今野泰幸、熊林親吾、秋葉勝、茂木弘人らと「東北人魂を持つJ選手の会」を発足。

『絶対に勝って被災地に行きたい』。それは試合に臨むモチベーションになっています。これほど人のために何かしたくなったのは人生で初めてです」「被災地の子どもたちは、あの過酷な経験を通じて、たくましくなってほしい。そして、できれば将来、ふるさとの復興に関わってほしいなと思います」と、活動を続ける気持ちを語った。

Ｊリーグの川崎フロンターレは、岩手県陸前高田市と交流し、復興に向かって共に活動を続けている。クラブが支援をする側、陸前高田市民が支援を受ける側、という関係ではなく、川崎市と陸前高田市の交流を通じて、陸前高田市の市民が活力を取り戻し、陸前高田市民が経済的なメリットを探して特産物の販路などを新規開拓できるよう、後押しをすることに主眼を置いている。

２０１６年7月、同市のグラウンドで開かれた「高田スマイルフェス」では、サッカーの試合が行われ、グルメ屋台や物産品店が並ぶ会場は、約２８００人が集まる大盛況となった。イベント開催のきっかけには、当時の川崎フロンターレのプロモーション部長、天野春果が漏らした言葉がある。

「サッカーで『勇気を届ける』だけで、本当に被災した方の力になっているのでしょうか」というものだ。

川崎フロンターレは、東日本大震災で教科書を失った同市の小学生に、チームが作った「算数ドリル」を贈り、サッカー教室を続けてきた。だが、天野は「自己満足を押しつけていただけかもしれない」という葛藤を、ドリルの提供を依頼してきた陸前高田市の小学校の教員、濱口智に打ち明けた。

濱口は「1回だけの押し売りのような被災地支援がある中で、一緒に悩んでくれてうれしかった。互いに支え合う仲になりたいと思った。支援されっぱなしではなく、自分たちの手でやりたかった」。そこで、支援する側とされる側という関係を改め、発展させようと決めた。

「スポーツの力で勇気や元気を届けたい」という言葉は、震災以降、おなじみのフレーズになっている。

有名選手と触れ合えば、子どもたちは笑顔になる。テレビなどで選手が困難に挑む姿を見れば、私たち大人も励まされる。それは間違いないことだ。ただ、当たり前だが、「スポーツで元気や勇気を届ける」だけでは、暮らしや地域の力は改善されない。五輪のフィギュアスケート男子で日本選手初の金メダルを獲得した羽生結弦も、冒頭のように「自分で何ができたかと言われると、自信を持って、これができたとは言えるものがなかった」と話している。

著者は、被災地での取材を通じて、スポーツイベントに参加できる子と、できない子に分かれていることを知った。親が送り迎えをする余裕や手段のない子は、会場にくることすらできない。２０２０年東京五輪・パラリンピックは復興をテーマに掲げているが、「勇気や元気」という言葉に満足してはいけない。地域の問題解決につながって初めて本当の支援だ。

８９ＥＲＳや小笠原、川崎フロンターレの活動は、直接的で、何度も交流して相手の立場に立つことができ、その土地、その人が抱えている課題に一緒に向き合っている。「1回だけの押し売りのような支援」ではない点は、スポーツを通じた復興支援活動のモデルケースと言える。

スポーツは、スポーツ教室や訪問活動、寄付活動というかたちの復興支援を展開してきた。これからは、それに加えて、一過性のスポーツ教室や間接的な寄付活動では届かなかった支援も探る段階にきている。何度も何度も被災者と交流して心を触れ合い、被災地の問題を理解し、何が必要か、スポーツに何ができるのかを考え抜いたとき、スポーツによる復興支援活動の発展したかたちが見えてくる。

4章　社会を変えるスポーツの力

誰もが楽しめるスポーツを——パラリンピックの価値

良くも悪くも、五輪パラリンピックの注目度は高い。２０２０年夏に東京で五輪パラリンピックが開かれる事実は、賛成の人も反対の人もどちらとも言えない人も、日本人のほとんどが知っている。これだけ知名度と影響力がある大会を、単なるお祭り騒ぎで終わらせてはいけない。社会をより良いものに変えるきっかけにできないか。大会に関わる多くの人がそれを模索している。

２０１２年に大会が開催されたロンドンで、いくつか参考になる取り組みを見た。発達障害の一つであるアスペルガー症候群の子どもらが学ぶロンドンの学校「ＴｒｅｅＨｏｕｓｅ」の取り組みだ。

スポーツを、発達障害を持つ人、子どもの自立に役立てようとしていた。障害のある子どもとない子どもが、一緒になって遊ぶ機会を多く設ける。そうすることで、互いのことをよく知っていて、接する際に戸惑うことなく自然に振る舞える世代を増やそうという取り組みだ。

TreeHouse学校に通っていたのは、3〜19歳までの約80人。そのうち8割は言葉で意思疎通できない。そのTreeHouse学校の子と、近くの学校の障害のない子たちが、年に10回程度、サッカーで一緒に遊ぶ機会を設けてきた。

「スポーツがあれば言葉がなくても交流できる。子どもたちは違いを理解して仲良くなっている。共に働き、生活できる社会につながる」と学校運営団体のアン・シンクインは話した。

子どもたちは遊びを通じて社会性を身につける。一緒のチームでサッカーをすれば、楽しみながら、物おじすることなくお互いのことをより深く知るようになる。そんな子どもたちが大人になったとき、障害のある者とない者が同じ職場でチームを組んで働くことになっても、組織として一緒に自然と互いをカバーし合って仕事をし、目標達成に向かうことができるようになるのではないか、という狙いだ。

ロンドン・パラリンピック前には、サッカー・プレミアリーグの強豪で人気チームのアーセナル*や、パラリンピックの選手らが、同校の児童・生徒が参加したスポーツイベントを一緒に行ったことが報道された。「取り組みを

*アーセナル
1886年創設。イングランド・ロンドン北部がホームタウン。現在、プレミアリーグに参加するプロサッカークラブ。2018年4月現在でリーグ優勝歴13回。

知ってもらうことも、パラリンピックの遺産の一つ」とシンクインは話す。人気スポーツチームや、地元のパラリンピック大会が開かれることで注目されるパラリンピック選手の発信力や影響力は絶大だ。「人気選手と一緒にプレーできる」という動機でイベントに参加した子どもは、これまで接したことがない自分とは違う特徴を持つ友達ができる。今まで知らなかったことへの興味関心を持つきっかけになる。

日本でも、障害者と健常者が日常的に接し、ごく自然に過ごすことができる社会の実現は課題の一つだ。障害のある児童・生徒は、障害のない児童・生徒と違う学校に通うことが多い。大人になって急に「共生」と言われても、自然に振る舞えない。

パラリンピック種目の中に、視覚障害者が、ボールの中に埋め込まれた鈴の音や、仲間による指示の声を頼りにプレーするブラインドサッカーがある。その日本の統括団体、日本ブラインドサッカー協会は、「ブラインドサッカーを通じて、視覚障がい者と健常者が当たり前に混ざり合う社会を実現すること」をビジョンとして掲げている。他のスポーツ団体が、自らのスポーツの普及や、青少年の健全育成を掲げているのとは、少し違う。

ブラインドサッカー協会は、「スポ育」と名づけた無償の授業を小中学校で行っている。日本代表選手が講師を務め、「相手の気持ちを考えて。困っている人がいたら『大丈夫？』と声をかけましょう。わからないことがあったら、『教えてください』と聞くことも大切です」と伝える。ブラインドサッカーのルールや技術を教えることが主目的ではない。

目隠しをして鈴が鳴るボールを使ってゲームをする。そのインパクトは大きいようだ。２０１４年６月、川崎市立金程《かなほど》小学校でこの授業が行われた。当時６年の徳岡侑《ゆう》は、「言葉だけでボールの場所を友達に伝えるのは難しかったけど、最後は工夫できた」と、うれしそうだった。

日本ブラインドサッカー協会も他のスポーツ団体と同じように、当初、競技の普及目的で体験会を実施していた。松崎英吾事務局長はその普及目的の体験会について、「鳴かず飛ばずだった」と明かす。そこで、２０１０年に方針を修正した。

①特徴の違う人と認め合う大切さ

②人の立場を考える思いやり

③他人に伝わる言葉づかい

それらをテーマに取り上げると潮目が変わった。２０１１年度は１５７件だった体験授業が、２０１２年度は３４７件、２０１６年度は４９１件にまで増加。累計で10万人以上がこの授業を体験した。先生同士のクチコミで広がり、いじめがあるという学校からの依頼も少なくないという。いじめがあるクラスの授業では、「違うことは面倒くさくない。違うことはいいこと」と話をすることもある。子どもたちからは、障害者はかわいそうというイメージが、すごい人に変わったという声も聞こえるようになった。

体験会の方針を探っていたとき、松崎はクラス担任の先生たちの率直な声を集めた。遠慮せずに、心の底から思っていることを聞かせてもらえる人間関係を作り、複数の学校の先生の感想を聞いた。そこで浮かび上がってきたのが「クラス運営に困っている」という先生の心の叫びだった。

チームワーク、コミュニケーションどころか、友達に声かけすらできない児童が増えているという。友達の名前を呼んで、何かを語りかけること、それが大切だと知ってもらいたいという。

今、学校には多様な児童・生徒が増えている。外国籍の子どもがいて、宗教や言語が違う。体の特徴も違う。多様であることは当たり前で、むしろ色んな特徴を持った人が、それぞれの得意なことを出し合っている組織は、ときに素晴らしいことを成し遂げる。そんなことを学ぶことが、学校現場で必要とされていた。

大人の世界にも同じことが起きている。多国籍な人が職場の同僚にいる。障害のある人、ない人、多様な人とチームを作って仕事に取り組むようになっている。学校向けの「スポ育」を、企業向けの内容にして行う日本ブラインドサッカー協会の企業研修も人気が出るようになった。２０１２年度に9件だった研修件数は、２０１６年度には70件と依頼が増えた。世代や国籍、言葉、文化が異なる人、健常者、障害者が一緒に働く企業では「違いや多様性への適応力を社員に求めていた」と松崎は話す。

社会問題を解決する仕組みを作ることができるのなら、スポーツの価値はもう一段も二段も高まる。

障害者スポーツも含めて、スポーツ先進国とも言えるドイツでは、スポーツを活用して障害者が仕事をし、自立して生活し、税金や保険料を支払う側になるようにする仕組み作りがしっかりできている。

　ドイツでは、パラリンピック種目である車いすバスケットボールの国内リーグが70年代に創設された。リーグは6部まであり、２０１６年の段階で、登録選手は２０００人以上。「ドイツ車いすスポーツ連盟」に登録するクラブも約３３０あり、競技人口は９０００人に達していた。欧州一の競技熱を支えるのは、「誰もがスポーツを楽しむのが当たり前」という伝統的なスポーツ文化だ。

　パラリンピック日本代表の香西宏昭*、藤本怜央*、千脇貢*の3選手がプレーしていた名門ＢＧバスケッツ・ハンブルクはプロ化が徐々に進んでいた。香西は「普通に生活していける程度の収入がある」。藤本は「ファンは障害者が頑張っている、という同情ではなく、勝つ姿を見にきている。だからぼくらは疲れを言い訳にできない」と話していた。

　ＢＧバスケッツ・ハンブルクのメインスポンサーの一つは、地元の労災病院だった。ドイツの病院は、障害を負った患者の了解を得ると、彼らの個人情報をスポーツ団体などに提供し、勧誘するような仕組みがある。スポーツ用車いすの使い方などを習う費用は、労災保険や医療保険でカバーされると

＊**香西宏昭**（こうざい・ひろあき）
１９８８年生まれ。千葉県出身。先天性両下肢欠損（膝上）で車椅子を使用。12歳で車椅子バスケットボールを始める。２００８年北京パラリンピック日本7位、２０１２年ロンドンパラリンピック9位。

＊**藤本怜央**（ふじもと・れお）
１９８３年生まれ。静岡県出身。小学3年生で交通事故により右足膝下を失う。大学進学と同時に車椅子バスケットボールを始める。２００４年アテネからパラリンピック4大会連続出場。

＊**千脇貢**（ちわき・みつぐ）
１９８１年生まれ。高校生のときにスノーボード事故により脊髄損傷。２０１３年日本代表に選出、２０１６年リオパラリンピック日本代表。

いう。

ドイツ車いすスポーツ連盟リハビリ・育成最高責任者のホルスト・ストローケンデルは、その手法についてこう説明する。「落ち込んでいる患者の元を、同じ障害を持つ人やその家族が訪ね、重い障害の人も楽しくプレーする映像を見せている。トップ選手はスポーツを通じてどう社会に復帰したか、その人生や家族の物語を伝えている」

近くに車いすスポーツのクラブがない地域でも、スポーツができるように支援する仕組みができあがっている。その地域の障害者とその家族がある程度集まったら、スポーツ合宿や研修を開催する。そこに派遣されてきた経験ある指導員から、自分たちで小さなスポーツクラブのようなグループを運営していく方法などを学ぶ。

小さなスポーツグループとして活動を続けられるよう、学校の体育館などの施設が無料で開放される。当事者やその家族は、やがて指導者の資格を取る。その人たちが、その地域の障害者スポーツを支え、発展させていくようになる。そんなシステムが確立されている。

ドイツでは、障害者スポーツの道具の購入や指導を受ける費用は医療保険でまかなわれる。２０１６年の時点で、約65万人が約６千のクラブで障害者スポーツを楽しむ。車いすの子ども向けのスポーツクラブは１５０あるが、そのうちの９割は、立ち上げ支援の仕組みを使って障害児の親が作った。

ホルスト・ストローケンデルは、「投資すべきは、トップ選手よりも、こうした取り組みだ」と話す。２０１６年リオデジャネイロ・パラリンピック陸上男子走り幅跳びで金メダルを獲得した義足のアスリート、マルクス・レーム*も、ドイツの地域スポーツクラブで育った。レームは金メダル獲得後の会見で、「勝つこと以上に大切なのは、スポーツのパワーを色んな人が得られるように広げることだ」と話した。

そんなドイツでは、車いすバスケットボールの人気がどんどん高まっている。試合を開催すれば１０００人以上の観客が集まるクラブもある。

フランクフルトから車で北に約１時間。人口約５万の田舎町ウェッツラーを拠点とするラン・ディルは、２０１６年までにリーグ優勝12回、欧州チャンピオンズリーグ優勝６回を誇る人気と実力を兼ね備えた強豪クラブだ。試合には平均約１１００人の観客が集まり、２０１０年のプレーオフでは、過去最多の約３９００人を記録した。夫婦で応援する地元のマルクス・ナイツル

*マルクス・レーム
１９８８年生まれ。ドイツ出身。ウェイクボードの練習中の事故で右足の膝下を切断。２０１２年ロンドン・パラリンピックでは走り幅跳びで金メダル、４００メートルリレーで銅メダル。義肢装具士のマイスター資格者でもある。

は「小さな町のチームなのに、世界で戦って結果を残している。チームは町の人の誇りなんです」と自慢していた。

クラブの創設は1983年。2000年頃、観客は50人程度だった。だが、新聞広告やフェイスブックや携帯アプリなど、様々な媒体を通じて発信してきた。マーケティング担当のアンドレアス・ヨネックは「障害者スポーツではなく、サッカーのようなプロスポーツとして観客に見せようと努力してきた」。2016年当時、125社のスポンサーに支えられ、年間予算は約70万ユーロ（約9000万円）にのぼった。クラブが年俸を払う7人のプロ選手と、別の仕事とかけ持ちする5人のセミプロ選手がいた。

試合では、派手な音楽が流れ、チアリーダーに迎えられ、スポットライトを浴びながら選手の入場が行われていた。スポンサー企業の広告がところ狭しと掲げられ、1枚8ユーロの当日券を手にした約1250人の観客からは、歓声と拍手がわきおこった。

近年は、車いすバスケットボールのドイツ代表の活躍が目立つ。女子代表は2008年北京パラリンピックで銀メダル、2012年ロンドン大会では初の金メダルを獲得した。男子も、国際大会での上位進出を目指している。

2014年には3大会ぶりに、世界選手権に出場した。2016年リオデジャネイロ・パラリンピック、ドイツは、女子は銀メダル、男子は12チーム中8位だった。

ストローケンデルは、「40年以上かけてドイツの車いすスポーツを育ててきた。ようやく、うまく歯車が回るようになった」と感慨深げに話した。

ロンドン、リオデジャネイロから考えるパラリンピック後の課題

障害者スポーツの祭典であるパラリンピックを開催するだけでは、共生社会の実現や、心のバリアフリー定着は困難である——。パラリンピック開催が、むしろ障害者への偏見や、障害者にとって生きづらい社会のあり方を助長する——。パラリンピックの開催は社会に良い変化をもたらすと信じられ、期待されているが、それとは正反対の状況が、過去2大会のパラリンピック開催地で認められた。2020年に開催される東京大会に向けて、大きな課題だ。

障害者スポーツ選手が「かわいそうな障害者」ではなく「かっこいいアス

リート」として取り上げられたテレビCMや、チケット販売が好調だったことなどが好意的に受け止められ、大成功だったとされているのが2012年ロンドン大会だ。「人々の態度や認識に影響を与え、障害者に対する態度を変えること」がレガシー（遺産）として掲げられていた。しかし、内閣官房の試行プロジェクトの一環として「心のバリアフリー教育・研修の評価」に関する提言書を提出した一般社団法人コ・イノベーション研究所によると、英国の民間団体が、障害者に対して健常者の態度が変化したかを尋ねたところ、「変化がない」が59％、「悪化した」が22％だったという。英国政府が広く一般に対して行った調査で、81％が「大会が障害者の評価にポジティブな影響を与えた」と回答したのとは大きな隔たりがある。

同研究所が比較した英国での調査結果*は以下の通りだ。

■政府による一般への調査
・ロンドン大会は障害者の評価にポジティブな影響を与えた（81％）
・2016年のリオデジャネイロ大会に向けてパラリンピックに関する財源が増加している

*オリンピック・パラリンピック基本方針推進調査（ユニバーサルデザインの社会づくりに向けた調査）試行プロジェクト『こころのバリアフリー教育・研修プログラムに必要な評価基準作成に関する提言書』（コ・イノベーション研究所、2017年）

・障害者のスポーツ人口が増加している
・地域でのスポーツ参加や支援のアクセスに向けた財源が増加している

■民間や障害当事者団体の調査
・健常者の態度はロンドン大会12カ月後も変化がない（59％）悪化した（22％）
・ロンドン大会後、敵対的な行為や恐怖を感じる行為を経験した（17％）
・配慮を拒否され、違う扱いを受けた（75％）
・社会保障費カットにより生活費に困難を抱える（16％）
・障害者の高利、ハイリスクローンの利用が3倍に
・ロンドン大会を通して新しいスポーツへの動機づけが得られなかった（77％）
・地方財源カットにより、２５００のスポーツ施設が閉鎖

また、以下のような、心のバリアフリーに関係する別の調査もあった。

・障害者に話しかけるときに不快感を感じる　健常者の回答（76％）

・障害者は、健常者よりも生産的でないと考える傾向がある　健常者の回答（36%）
・障害者は、何らかの偏見に直面している　健常者の回答（85%）
・期待されないという経験を他者から受けたことがある　障害当事者の回答（24%）
・障害者と話すことを避けている　健常者の回答（21%）

同研究所は、「特に、『障害者に話しかける』という行動や、『障害者の能力を適切に判断する』という能力は、ユニバーサルデザイン2020中間取りまとめに提唱される『共に支えあい、多様な個人の能力が発揮される社会』の実現に関連性の高い指標であるにもかかわらず、好ましくない結果が報告されている」とまとめた。

また、「2020年に行われる東京オリンピック・パラリンピックに向け、各所でパラリンピアンの講演や、障害者スポーツ体験などの様々なプログラムが行われている。そのプログラムでは共生社会の実現のための心のバリアフリーが掲げられているが、その効果を検証する研究はほとんどない。一方で、それらのプログラムで実施されている心のバリアフリーを達成するための事業の要素に対する批判は絶えない」と指摘している。

同研究所の橋本大佑代表理事は、「東京パラリンピック開催決定後に心のバリアフリー教育が増えたことはいいことだ。ただ、障害者への偏見が助長されるものも多い。パラリンピックのレガシー（遺産）プランをそのまま実行に移すだけでは、共生社会の実現は困難」と話す。

橋本代表は、「高度な運動能力を持つパラリンピック選手と、そうでない障害者との間に、隔たりが生じている」と指摘する。現状の心のバリアフリー教育が「障害者は能力が劣っていてかわいそう」と極端に過小評価するか、「障害者には特別な能力がある」と過大に評価する二極化を招いている。それらは、障害者に対するステレオタイプを生み、障害者も多様であることを忘れさせて偏見を助長してしまうという。難しい状況を努力で乗り越えない障害者は怠け者と考える人が増える可能性があるのだ。

ロンドン大会は選手以外の障害者のスポーツ参加への動機づけにはならなかったとのデータも出た。英国の民間団体が、２０１３年6月、18歳以上の障害者１０１４人に、ロンドン大会を通してスポーツに取り組みたいと感じたかどうかを調査した結果*は以下の通りだった。

・大会を通して、スポーツはより遠いものになった（4％）
・スポーツに取り組みたいと感じなかった（79％）
・大会に関わらず、現在スポーツを行っている（7％）
・以前やっていたスポーツに再度取り組みたいと感じた（7％）
・新しいスポーツに取り組みたいと感じた（3％）

ドイツ車いすスポーツ連盟リハビリ・育成最高責任者で、パラリンピックの前身大会を主催していた団体で理事を務めていたホルスト・ストローケンデルは、「障害者スポーツのトップ選手にだけ注目が集まると、そうでない障害者の現実が見えにくくなってしまう。逆効果がある」と指摘している。それを防ぐためには、選手が障害に苦しんだ頃の現実も世の中に披露する必要があるという。

２０２０年東京五輪パラリンピックの開催が決まったのは、２０１３年9月。それ以来、日本での障害者スポーツへの注目度は増している。障害者ス

＊『ロンドン大会は成功だったのか？　東京大会に向けて今から取り組むべきことは何かを考える』（コ・イノベーション研究所、２０１７年）

ポーツ大会の報道も増えた。スポンサーとして、雇用主として障害者スポーツを支えようとする企業も増えた。2020年東京パラリンピックが開かれる頃には、障害者スポーツだけでなく、障害者や多様な人の存在そのものに対する感心が高まるだろう。そのエネルギーを、より良い社会の実現のために生かす仕掛けが必要だ。適切なプログラムや講習が何か、多くの人が理解していくことが大切だ。

2016年リオデジャネイロ・パラリンピックの開催国ブラジルの視覚障害者スポーツ連盟会長は、「ブラジルでは視覚障害者が信号交差点で立ち止まっていたら、1分もしないうちに通りすがりの人が『信号が見えないのか』と声をかけてくれる」と話していた。会長自身も視覚障害者だった。実際はどうなのか。大会期間中の2016年9月、リオデジャネイロ近郊で暮らす視覚障害者のジウソン・ジョゼフィーノの通勤に著者が同行した。郊外ではジウソンに積極的に声をかける人が目立った。一方で、リオ市街地では、携帯電話を見ながら歩く人がジウソンにぶつかり、何も言わずにその場を去る光景が目立つなど、光も影も見えた。

生まれつき全盲のジウソンは、郊外のノバ・イグアス市からリオ市まで、バス3台を乗り継いで約3時間半の道のりで通勤していた。

最初に乗ったバスでは、隣に座った男性が、ジウソンの降りるバス停を尋ねた。男性は立ち上がると、4席前の別の男性に「私は先に降りるので、あの人に降りるバス停を教えてあげて」と頼み、「人を助けるのは人間の義務。自分も満足です」とすがすがしそうに語った。

最初の乗り換えのバスターミナル。歩くジウソンの脇を次々とバスが通った。その瞬間、後ろを歩いていたジャナエルが、ジウソンの腕を引き寄せた。そのまま、次のバス停まで案内。ジャナエルは「バスが近づいて危なかったので声をかけました。人を助けることが好きなんです。躊躇はないです」と話す。

1回目の乗り換えでジウソンに声をかけた人は約30分間で5人いた。

ジウソンさんに肩を貸すジャナエルさん　© 朝日新聞社

日本では、視覚障害者が駅のホームから転落して亡くなる事故が報道されることがある。ジウソンに声をかけていた女性とそんな会話をした。女性は、「本人が必要としていないように見えても、声をかけていいのではないでしょうか」と話した。

リオデジャネイロ滞在中、バスや列車に乗り合わせた他人同士が気軽に会話し、「あの人に席を譲ってあげて」という声かけが珍しくないことを著者は感じた。

しかし、リオデジャネイロ市の中心部でジウソンがバスを乗り換えた際、そんな優しさを感じる光景がぐっと減った。約10分歩いて、一瞬だけ手を差し伸べたのは男性１人だけで、あとはバスの乗務員だった。スマートフォンを手にし、ぶつかったジウソンを一見してその場を去る人も何人もいた。

ジウソンは「パラリンピックがきて、駅にエレベーターができて、道が整備されて歩きやすくなりました。でも、みんなスポーツを見ているだけ。障害者に助け舟を出してくれる人は少なくなっています」と寂しげだった。

東京都内ではどうだろうか。特に通勤時間帯の駅のホームは、行き交う人々は忙しく足早で、社内に乗り合わせた人々は静かに過ごしている。人が多い割には、他人が困っているかどうかに気づくことも少なく、声をかけることも少ない。ブラジルから日本に帰化した視覚障害者は、「日本では、点字ブロックなどが整っているのに『出歩くな』と止められる」と言っていた。別の視覚障害者の日本人パラリンピック選手が「こんなに発達した国で、出歩けないというのは恥ずかしいこと」と言っていたのも思い出される。

ジウソンは、人々の生活様式の変化や、それに伴う行動や態度の変化のほうが、パラリンピック開催以上に影響が大きいと感じているようだった。ジウソンは「生活のスピードが上がり、忙しくて余裕がなくなっているからでしょう。スマホの画面ばかりで前を見ない人が増え、歩くのがさらに危険になりました。ぶつかられて転んで杖が折れたこともあります」と語った。

4年後にパラリンピックを開催する日本へのアドバイスをジウソンに聞くと、こんな答えが返ってきた。

「日本は文化が豊かですから、きっとうまくいくはずです。話すこと、コミュニケーションは一番大事です。施設を作る際やイベントをする際も、障害者の声を聞いてください。視覚障害者を街で見かけたら『手伝いしましょうか』と声をかけてください。道を教えてくれると助かります。もちろん手助けが必要ないときもありますが、声をかけていただければ事故は起きません」

障害学の研究者で、自身が視覚障害者でもある東京大学大学院教育学研究科附属バリアフリー教育開発研究センターの星加《ほしか》良司《りょうじ》准教授は、個人の機能が困難を生んでいるのではなく、多数派に都合良く作られた社会のルールや仕組みが、人に困難をもたらしているという発想の転換が必要だと訴える。

例えば、視覚障害者が記述式のペーパーテストを受けられなかったとき、「その人は、○○ために、テストを受けることができなかった」の○○に入るのはどんな言葉だろうか。車いすの人がバスに乗れなかったとき、「その人は、□□ために、バスに乗ることができなかった」の□□に当てはまるのはどんな言葉だろうか。○○に、「視覚障害がある」と当てはめる人が多いのか、「記述式だった」とする人が多いのか。□□に、「車いすだった」とする人が多いのか、「バスに段差があった」とする人が多いのか。音を聞いて言葉で答えるテストであれば、視覚障害者も何の問題もなく答えることができるだろう。

マジョリティーである健常者は、社会の構造やルールが、マジョリティーにとって効率的で都合がいいように作られているということに気づきにくい。社会構造に問題があると考えることはなく、障害者は大変でかわいそうな〝特別な人〟だから、〝特別に〟手を差し伸べなければいけない、と考えてしまう。

パラリンピック開催を前に、東京では障害者スポーツ選手が参加して障害について理解を深めようという研修や講演が急増している。障害がいかに大変であるかを理解してもらい、サポート行動につなげようというものだ。これらは、「社会の側が困難を生み出している」という部分が抜け落ちてしまうと、「障害があるために困難がある」という間違えた意識を助長してしまう危険性がある。

パラリンピック選手が、努力と不屈の精神で困難を乗り越えて成功するストーリーばかりが強調されると、障害者自身が変わることばかりが注目され、社会がどう変わっていくのかに注目が集まりにくくなる。

障害者だけに優しくしようとするのではなく、周囲の状況やその人の様子から、困っていそうだと思えば誰に対しても声をかけたり話を聞いたりして解決策を一緒に探っていく。そんな姿勢や意識作りが欠かせない。「特別な人に特別な優しさを提供しようという意識からは、心のバリアフリーは実現されない」と星加准教授。「社会をどう変えていくのかに注目し、他者のニーズを聞き取る大切さに気づく。パラリンピックがそんなきっかけになれば」

摂食障害、ドーピング、暴力問題から考えるスポーツのあり方

スポーツが社会を変えることができるだろうか。できるとすれば、選手やチームや組織が、自分たちが理想とする人や社会の姿をフィールドの内外で示すことが、その一つだろう。失敗したときやうまくいかないときであっても、それを共有して教訓にできれば、社会の財産になり得る。

２０１７年、フィギュアスケート選手などに関する摂食障害や食事制限に関する報道が相次いだ。痩せていたほうが良いパフォーマンスができると考えられている競技では、指導者や選手自身が、ときに無理な体重制限や食事制限を課すことがある。短期的に成績は上がるかもしれない。しかし長期的に見れば、選手としてマイナスであるだけでなく、健康を害して引退後も続く人生にとって悪影響を及ぼす可能性がある。

食事と、心と体の健康は密接な関係にある。スポーツ選手以外の人にとっても、スポーツ選手の食事制限と体重制限、健康に関する情報は、生きる力

にもなるものだ。

２０１４年ソチ五輪フィギュアスケート団体戦で、当時15歳だったユリア・リプニツカヤ*はロシアの金メダル獲得に貢献した。しかし２０１７年９月、拒食症であることを明らかにし、引退を表明した。ロシア・スケート連盟のインタビューで、引退までの3年間で拒食症に悩まされ、それが引退理由であることを明らかにした。ほぼ1年、氷の上で滑っていなかったという。

２０１７年1月にイスラエルの病院で検査を受けていたそうだ。競技はまだ続けるだろうと思っていたが、心理学者と面談し、健康が大切だと感じるようになった。

「人生で何が起きているかを考えるのは自分自身。健康を取り戻す時間や、病院を離れた後は何をすべきかを考える時間があった」。その名が世界に知れわたったことがプレッシャーにもなったとしている。「唯一悔やんでいるのは、この病気を明かせなかったこと」だという。ロシアでは拒食症を公にすることは少ない。病と闘っていることを伝え切れなかったことを後悔しているようだ。

ソチ五輪フィギュアスケート女子4位だったグレーシー・ゴールド*（米国）

*ユリア・リプニツカヤ
１９９８年生まれ。ロシア出身。２０１４年ソチ五輪団体戦金メダル。２０１４年世界選手権２位。２０１４年欧州選手権優勝。

*グレーシー・ゴールド
１９９５年生まれ。アメリカ出身。２０１４年ソチ五輪団体戦銅メダル。２０１４年ＮＨＫ杯優勝。全米選手権で２度優勝（２０１４、２０１６年）。

も、2017年11月、「私はうつ、不安障害、摂食障害の治療を続けている」「五輪シーズンに競技ができないことはつらいが、それが今後のためです」と告白し、平昌五輪出場を断念した。

2016年秋、グランプリシリーズのスケートアメリカで5位に終わった後、体重の悩みを報道陣の前で口にしている。その場にいたフリーライターの田村明子やUSAトゥデー紙の報道によると、「昨季も今季も、ずっと(体重に)苦しんできた」と発言。ある記者が「十分痩せている」と声をかけると、「ありがとう。でも、この競技は痩せた人のスポーツ。今の私はそうではない」と話した。

そんな、体重制限と食事制限の負の連鎖に一石を投じた選手もいる。平昌五輪フィギュアスケート女子日本代表の宮原知子は、食事制限と体重増加を抑制することが疲労骨折につながったとみていることを隠さずに報道陣に話し、その過程を社会と共有してきた。

宮原やその関係者の話によると、宮原は左足股関節の疲労骨折が判明して2017年2月以降の大会の欠場を決めて以来、食事を少なくすることや体重を減らすことをやめた。練習で骨に蓄積した疲労を回復させるための栄養が不足し、疲労骨折につながったと見ている。そこで、しっかりと食べて、自身の競技人生の中では高い体重を維持しつつ、競技力も向上させることを目指してきた。

フィギュアスケートでは、体重が増えたり、身長が高くなったりすると、ジャンプの際に回転がしにくくなるとされており、多くの選手が食事制限をして体重が増えないように努めている。宮原は平昌五輪シーズンの２０１７〜18年、それとは逆の戦略を採り、全日本選手権４連覇を達成した。平昌五輪では、ＳＰ、フリー、合計の点でいずれも自己ベストを出し、４位になった。

宮原は「(２０１６〜17年シーズンまでは) 試合で重く感じるのはいやだと思って、あまり食べないようにしていた」と話した。２０１６年12月頃、体重は37キロで、体脂肪率は６％だったという。体脂肪率６％は、高い俊敏性が求められるトップの男子スポーツ選手にとってはあり得る数字。女子にとっては、スポーツ選手でも極端に低い。

２０１７年４月、約１カ月間、東京都の国立スポーツ科学センターでリハビリをした宮原は、それまでの発想を変えた。２０１７〜18年シーズンは食事制限をするどころか、むしろ食事を増やし、夏場は１日１９００キロカロリーに。２０１７年8月、体重は42キロになり、体脂肪率は12％になり、10月に復帰戦に出場した。

試合期間は、緊張感も高く、演技中にとっさの判断でジャンプを変更することもある。頭脳も使えば、消費カロリーは増える。摂取カロリーが１９００キロカロリーでは足りずに痩せていったため、11月には２４５０キロカロリーまで増やした。間食を取り、オレンジジュースを飲んだり、ゼロカロリー飲料を飲んだりした。生真面目な宮原は、大学にも頻繁に通い、勉強も怠らなかったために、普段の睡眠時間が5時間程度になることもあった。２０１７年度は休学することに決め、睡眠時間を8時間は確保するように努めた。栄養と睡眠時間が十分になった結果、２０１７年度になって身長が２センチほど伸び、滑るための腰から太ももにかけての後ろ側の筋力アップに努めて、陸上でのジャンプ力が１・５センチ向上した。全日本選手権では大きなミスのない演技を披露。特に、スケーティングが伸びるようになって高い得点を稼いだ。

このことは、痩せることが良いとされている競技においても、健康を害するほどの食事制限は危険であるだけでなく、長期的にはパフォーマンス低下につながることになること、体重を増やしても、栄養摂取状態やトレーニング内容によってはパフォーマンスを向上させることを示唆している。

トップ選手の青少年への影響力は大きい。宮原のこの取り組みが知られることにより、過度な食事制限や体重制限で健康を害する若い選手が少なくなるかもしれない。スポーツ選手だけでなく、広く一般にとっても、行きすぎた痩せ願望を考え直す契機にもなり得る。宮原は復活への過程を「楽しくて、楽しくて。全部楽しかった。（五輪の魔物は）いなかった」と、五輪のフリー後に晴れやかに振り返った。

スポーツ選手の言動は、広く社会に伝わるようになった。トップのスポーツ選手は、広く一般に見られることによって、チケット収入やスポンサー収入を得ることができ、高いレベルでの競技力を維持するための練習環境を確保することができる時代になった。ポケットマネーで個人的に楽しみながら、高いレベ

2017年全日本女子フリーで演技する宮原知子　© 朝日新聞社

ルを目指すことが難しくなってきたのだ。だからこそ、広く一般から支持される言動をすることがトップアスリートには欠かせなくなっている。

ドーピングがなぜだめなのか。公平性が損なわれるという観点だけでは、説明は不十分だろう。持って生まれた遺伝子、育った環境、練習環境、かけられる金や施設やスタッフの充実度はそれぞれ違い、そもそもスポーツは公平に競っているとは言いがたい。

トップアスリートがドーピングをしてはいけない理由は、社会にとって、特に子どもたちにとって、ドーピングをする選手が模範とは言いがたいからではないか。ドーピングをして記録を破ることに人々は魅力を感じないだろう。そうすれば大会の価値は下がり、結果的にはスポンサー離れが起きて大会は持続できなくなる。

国際オリンピック委員会（ＩＯＣ）が、国家ぐるみのドーピング問題で、ロシア・オリンピック委員会の資格を停止したのは２０１７年12月。世界反ドーピング機関（ＷＡＤＡ）は、ロシアの１０００選手以上がドーピングに関与したと発表していた。２０１６年夏のリオデジャネイロ五輪前にも、ＩＯＣは同じようにロシアの資格停止を検討したが、出場できるかどうかを各競技の国際団体が決めることにしたことで、大きな批判を受けた。平昌五輪前の2017年12月に決定された対処は、より厳しくなったが、スポーツ大国で、大きなスポーツ大会を支えるロシアを完全に締め出すことはできなかった。潔白が証明された選手は、「ロシアからの五輪選手（OAR）」として平昌五輪に参加することを認めた。

米大リーグのシアトル・マリナーズの例で紹介したように、スポーツ選手が社会貢献活動として子どもたちに「ドラッグに手を出すな」と説く時代だ。かつて、ドーピングがはびこっていた大リーグも、2004年に罰則規定を導入。2007年、ドーピングの実態に関する調査報告書を発表し、変わろうとしている。米紙のニューヨーク・タイムズは、ロシアのドーピング問題に対して、「ロシア国外に拠点を置く選手の個人資格での参加も禁じるべきだ」と断じた。

IOCのバッハ会長は、スポーツへの投資を惜しまないロシアを真正面から批判することを避けている。「ロシアからの五輪選手（OAR）」として平昌五輪に参加することを認めたことは、ロシアに配慮しているかのようにすら感じられる。

スポーツ界は、高潔性、クリーンさを声高に叫ぶ。一方で、政治力も資金力もあるものに頼ることで組織を保ってきた側面がある。

汚職事件で揺れた国際サッカー連盟（ＦＩＦＡ）は２０１６年2月、会長選を行い、欧州連盟事務総長のジャンニ・インファンティノが当選した。事務総長や会長として計34年、ＦＩＦＡの権力を握り続けたゼップ・ブラッターは退場した。

著者はＦＩＦＡの元幹部らへの取材を通じて、国際スポーツ団体の中枢人物がいかに権力と金を重視し、規範意識が乏しいかを知った。

ある元ＦＩＦＡ幹部に提供してもらったEメールには、ワールドカップ（W杯）の放映権が、会長選の票と引き換えに国際サッカー連盟（ＦＩＦＡ）理事に与えられたことをうかがわせる内容が記されていた。一連の汚職事件で逮捕・起訴されたジャック・ワーナー元ＦＩＦＡ副会長は、ブラッターに「私が持っていたW杯の放映権が取り上げられ、ライバルに渡された」と、そのメールで訴えていた。

カリブ海の約30協会を束ね、選挙などの投票で大きな影響力を持ってブラッターを支えてきたワーナーの願いは、数カ月後にかなった。ＦＩＦＡは、２００２年日韓大会のカリブ海の放映権について、内諾を得ていた会社との契約を取りやめにし、代わりにワーナーの所有する会社と契約を結んだ。関係者の証言や契約書によると、破格の安さで手に入れ、４２５万ドルで売却することで、利益を得たとみられる。ブラッターが再選を目指す会長選が翌年に控えていた。

かつて、ＦＩＦＡでブラッターの特別顧問を務め、この放映権のやり取りに携わったギド・トニョーニは、取材に対してこう証言した。「ＦＩＦＡ会長は、親しい理事の利益ではなく、ＦＩＦＡの利益を優先する責任がある。にもかかわらず、ブラッターは会長選の票と引き換えに、腐敗を知りながら許してきた」と。

１９８６年から21年間、ＦＩＦＡ理事を務めたスウェーデン人のレナート・ヨハンソンからは、ブラッターの独裁ぶりや、その地位を守る用心深さを聞かされた。ＦＩＦＡ副会長の経験もあるヨハンソンは「20年以上にわたってブラッターを追及してきたが、彼はいつも逃げ延びた。何人もの職員が、裏で何が行われているかを私に知らせてくれた。しかし、誰も証明するものを持ってくることができなかった。文書もなく、会議で議題に上ることもなかった。ブラッターは賢い。物事がうまくいっているように取り繕うことに長けていた」と話し「W杯放映権の契約にサインする唯一の人物はブラッターだ」と主張した。また、「ブラッターに直接聞いたことがある。『いったい、FIFAからいくら報酬をもらっているんだ？』。彼は『そんな無礼なことを聞くな』と怒り始めた。そして質問には答えぬまま、その場を立ち去った」というエピソードも披露した。

2020年東京五輪パラリンピック大会で、日本のスポーツ界が注目を集める。これを契機に、選手だけでなく、団体や組織も、そのあり方を検証して改革し直すべきだろう。

スポーツ団体理事は、お友達や大学の先輩後輩などの仲間内で占められることが多い。そのため、自浄作用が働かず、自己改革をして常に成長していこうという意欲にも乏しい。高潔でクリーンであることを目指すスポーツ選手を束ねる組織が、内部のルール、しかも一般の常識とはかけ離れた内輪のルールだけを守り、社会常識とはかけ離れた運営や決定をすることもある。

相撲界では、2007年に親方らによる暴行で弟子が死亡する事件が起き、野球賭博への関与や八百長の問題でも世間の批判を浴びた。〝外圧〟により組織改革に着手したが、理事の約半数を外部から登用すべきだという意見には耳を貸さず、力士出身10人、外部3人という割合だ。他のスポーツ団体にも、外部理事の少なさが見られる。

スポーツ、特にトップスポーツは、社会全体の支えを当てにしている。これは、スポーツ界が競技力を高めて勝利を追求し、競い合ってきた結果でもある。そして、日本の多くのスポーツ団体は、公益法人となってきている。自分たちの利益だけを求めるのではなく、社会全体の利益を考えることが組織として当たり前になっている。社会に開かれ、社会との接点を持つだけにとどまらず、社会の様々な集団からお手本とされるようなコミュニティーや組織となることが求められている。

これからのスポーツへの願い

「日本は、スポーツがなくても幸せな国だったんだな」

アメリカンフットボールの米プロフットボールリーグ（ＮＦＬ）の日本支

社だったＮＦＬ　ＪＡＰＡＮで代表を務めていた町田光は、そうＮＦＬ幹部に言われたことがある。

町田は振り返る。「２００６年か２００７年頃、ＮＦＬのインターナショナル部門のトップ、マーク・ウォーラーに言われた。長期的な視点で、日本のスポーツマーケットがどうなるのかを考えようという、月曜日のミーティングだった」

ウォーラーは、「日本のビジネスマンは月曜日に会社にくると、何の話をするんだ」とミーティングで質問した。その頃、何かの選挙があった時期だったこともあって、町田は「選挙かな」と答えた。するとウォーラーは驚き、「アメリカでは、週末のスポーツの話をするぞ。選挙の話をしたら、支持政党、宗教、思想、経済格差のことで言い争いにならないのか」と言った。町田が「１億総中流で、宗教や民族の問題で言い争うこともない」と応じたとき、ウォーラーは冒頭のような感想を口にした。「日本は、スポーツがなくてもバラバラにならない国だったんだ」と、ウォーラーは納得したという。

ＮＦＬには、「ＮＦＬ　ｂｒｉｎｇｓ　ｐｅｏｐｌｅ　ｔｏｇｅｔｈｅｒ」という言葉がある。米国には多様な人種がいて、宗教は様々で、経済格差も大きい。いつ、社会の人々の間に分断・断絶が生まれるかもしれない。ＮＦＬはコミュニティーの崩壊を防ぎ、一体感を生み出す存在であろうという意思が、その言葉に込められている。

米国では、黒人のスポーツ選手の活躍や、黒人選手と白人選手の連帯が映画の題材になるなど、社会現象になる。

１９４７年4月15日、ジャッキー・ロビンソン*は、黒人選手として史上初めて大リーグでプレーした。人種差別*がまだ認められていた時代。差別に耐えながら、新人王や最高殊勲選手賞（ＭＶＰ）を獲得した。野球殿堂入りも果たした。黒人の公民権運動*に大きな影響を与え、社会を変えたとされている。その背番号42は、唯一大リーグ全球団で永久欠番となり、デビューした4月15日はジャッキー・ロビンソン・デーとして、全球団の全選手が背番号42をつけてプレーする。映画「42〜世界を変えた男〜」でその人生が描かれている。

能力や特徴が違う様々な選手が役割分担をしてチームワークで前進を目指すアメリカンフットボール。いがみ合っていた白人と黒人が打ち解け合って勝ち進む、実在した高校フットボールチームを題材にした映画「タイタンズを忘れない」では、高校生たちの姿を見て街の大人たちも態度を変えていく

＊ジャッキー・ロビンソン
1919-1972
アメリカ出身。１９４７年から大リーグ、ブルックリン・ドジャースで活躍。

＊人種差別
当時はジム・クロウ法という有色人種の公共施設利用を禁止する州法が存在していた。１９６４年の公民権法により廃止。

＊公民権運動
１９５０〜60年にかけてアフリカ系アメリカ人によって行われた人種差別解消運動。ローザ・パークスやキング牧師などが中心となって活動。

様子が描かれる。

２０１７年、ＮＦＬの選手が、試合開始前に行われる国歌斉唱の際に、それに参加しない態度を示したことが議論を巻き起こした。初めは、一部の選手だけだったが、トランプ大統領の発言がきっかけで、騒動は大きくなった。トランプ大統領は、オーナーは国旗を侮辱した選手をクビにするべきだという趣旨の発言をした。それに対し、ロジャー・グッデルＮＦＬコミッショナーはこう応じた。以下、ＮＦＬ　ＪＡＰＡＮ公式サイトの日本語版を引用する。

「ＮＦＬおよびその選手たちは祖国と文化に一体感を生み出す手助けとなる時には最高の力を発揮する。先月に発生した深刻な自然災害において、各クラブや選手たちが示した素晴らしい対応以上にふさわしい例はないだろう。今回のように不和を生む発言はＮＦＬを初め、卓越した試合や全選手に対する

ロビンソンデビュー 60 年記念試合で全員背番号 42 をつけたドジャースの選手たち（2017 年 4 月 15 日）

© 朝日新聞社

残念な尊重性のなさを示しており、われわれのコミュニティーを代表する各クラブや選手たちが誇る圧倒的な力を理解していないことも明らかだ」

また、NFL選手会のエグゼクティブディレクターは、こんな声明を発表した。

「一部の選手たちが行なった平和的なデモンストレーションはさまざまな反応を巻き起こした。それらの意見は言論の自由によって保護されており、その自由はこれまでの歴史において多数の男女らが犠牲を払ってきた上で成り立っている」「しかしながら、〝黙ってプレーだけをしていろ〟と言われてしまうと、自分たちの偉大な国に暮らす全国民の権利が侵害されることになる」「NFL選手はコミュニティーにさまざまな形で多くの貢献を果たしている。NFLプレーヤーは歴史を通してみても全スポーツ選手のレガシーの一部であり、自分たちやそれぞれのコミュニティーに影響を及ぼす問題の情報を逐一把握するようにしている。選手たちはスポーツバブルの守られた生活に満足するのではなく、問題に対して何らかの行動を起こす道を選んできた。そしてそれは今も変わらない。彼らの意思決定はアメリカ国民として〝どうあるべき〟だと制限されたり、〝これをすべき〟だと定められたりすることを拒む数多くの人々の考え方と何ら変わりない」

各チームのオーナーらも、呼応した。NFL JAPANによると、その内容はこうだ。

「われわれの国家が必要としているのは求心力のあるリーダーシップであり、これ以上の分断ではない」

「大統領による無神経で攻撃的な発言はこの素晴らしい国家の理念と相反する」

「トランプ大統領の発言はNFLコミュニティー全体を対立させ、敬意を欠くものだった。しかし、われわれはそれを一つの機会として利用することでチームと組織をさらに統一しようと考えた。選手たちには丁重で思慮深い方法を用いて自らを表現する自由がある」

「私はリーグと選手たちに関する大統領の最近のコメントに困惑している。アメリカにおけるスポーツは、あらゆる地位の人々や異なる視点を持つ人々を共通の目標に向かって団結させ、応援させる独自の力を持っている。NFLにいる選手たちの大多数はチャリティーに何百ドルという額を寄付し、最近のハリケーン被害者のために支援金を集め、慈善団体を立ち上げ、学校を訪れ、生徒たちを導き、ホームレスのシェルターで働き、公園を清掃して、個人の時間を何時間も使ってコミュニティーや周囲の人々の生活を良くしようと努力してきた。この国はそうした精神の下で作られたのであり、われわれは訪れるチャレンジに立ち向かう人々が一つになれるよう休むことなく働き続け、コミュニティーの人々にお返しをしなくてはならない。フィールド上のどんなリザルトよりも、それこそが声援を送るべき共通の目標だ」

町田は、「アメリカでは、スポーツがあるからこそ国が保てている。スポーツは社会的な装置。スポーツは社会の公共財」だと話す。町田によると、NFLは米国の中でも寄付額が多い団体だという。ハリケーン・カトリーナ*でニューオーリンズが被害を受けると、そこを本拠地とするNFLセインツ*が避難所を提供した。NFLチームのオーナーが何かに対して寄付をすると、選手がそれに追随し、発信力ある選手が人々に協力を呼びかけてさらにたくさんの寄付が集まる。貧困地域で、学校の放課後子どもが安全に色んな経験を積める施設を作り、その運営費を出す。肥満解消キャンペーンを続ける。引退後に選手が病院を造ることもあるという。

＊ハリケーン・カトリーナ
2005年8月末にアメリカ南東部を襲った大型のハリケーン。総死者数は1800人以上となった。

＊ニューオーリンズ・セインツ
プロアメリカンフットボールリーグのチーム。1966年NFL加盟。第44回スーパーボウル優勝。

欧州では、移民がスター選手になり、多様性の象徴になってきた。

ドイツのサッカークラブの育成部門でコーチを務める福岡正高は、「フランスが移民の力でサッカーワールドカップ（W杯）を制し、それを見たドイツも、移民が多くなった代表チームでW杯優勝を果たした」と見る。

1998年フランスW杯。自国開催の大会でフランス代表を優勝に導いたのは、アルジェリア系の移民を両親に持つ、ジネディーヌ・ジダン*だった。他にも多くのアフリカ系の選手がいたフランス代表は、勝ち上がる度に批判を歓声に変えていった。

そして2014年ブラジルW杯では、ドイツが24年ぶりに優勝を果たした。1990年10月に東西ドイツが統一されてからは初めての優勝で、西ドイツ時代も含めると6大会ぶり4度目の制覇だった。東西の統一と移民の受け入れにより、特徴や能力、精神性に違いがある子どもたちが一緒のチームで切磋琢磨するようになった。社会の変化を取り込んだ育成が花開いたと言える。

多様な人種や民族が様々な能力を出し合いながら、組織になっていくことが、強い集団への近道だと身をもって知るドイツスポーツ界は、シリア難民の受け入れ支援する立場をいち早く鮮明にした。サッカーの世界的強豪チー

*ジネディーヌ・ジダン
1972年生まれ。フランス出身。両親はアルジェリア出身のため、ジダンは両国籍を持つ。1994～2006年フランス代表。現在はスペインのレアル・マドリード監督。

ムで有名な名門スポーツクラブのバイエルン・ミュンヘン*は、2015年9月、シリア難民のために100万ユーロを寄付し、難民のためのトレーニングキャンプを立ち上げると発表した。キャンプでは、教育プログラムも用意された。

日本では、スポーツ選手や団体が「2020年東京五輪パラリンピックをきっかけに、日本のスポーツを文化にしたい」と話している。その内容はというと、「スタジアムが大勢の人で埋まること」と話す関係者もいる。

スタジアムが埋まることは、スポーツが文化になった末の現象の一つかもしれない。しかし、スタジアムが埋まるだけで終わるのなら、それはスポーツが支えられているだけで、スポーツが社会を支えていることにはならない。これは、日本のスポーツ界が「スポーツが文化になる」とはどういうことなのか、共通認識を持っていないことの表れではないか。

文化になる、ということは、スポーツなしには今の生活、コミュニティーは成り立たないという存在にスポーツがなることだ。スポーツやスポーツ選手が、多くの人の人生や社会を支える側になっていくことを願う。

*バイエルン・ミュンヘン
ドイツサッカーリーグ機構加盟のサッカークラブ。1900年創立。

ぼくらが目指す２０２０東京五輪パラリンピックのゴール
――あとがきにかえて

２０１０年7月、大阪市のマンションで、３歳の女の子とその弟の１歳の男の子が餓死し、遺体が見つかる事件が起きた。当時23歳だった母親が育児放棄をし、遊びに出たまま帰ってこなかった。コンビニ弁当の容器などのゴミが積み上がった6畳の居間のわずかな空間に、２児は寄り添うように裸で仰向けに倒れていた。一部はミイラ化していた。

母親は逮捕、起訴され、その後、殺人罪で懲役30年の刑が確定した。

その母親の父、つまり、姉弟の祖父は、偶然取材したことがあるスポーツ関係者だった。事件が発覚した直後、携帯に電話をして話を聞いた。大阪地裁で、被告は2人への殺意を否定したが、判決は「養育できたのは被告だけだった」「命を救うための手だてを講じることなく放置した」と全面的に退けた。ただ、「被告が周囲から十分な人的援助や養育費などの経済的援助を受けない中で仕事と育児をすることに限界を覚え、大きな精神的・体力的負担を感じていたことは事実だ」と指摘。同情の余地があり、今後は行政を含む社会全体が児童虐待の発見と防止に一層努めるよう求めた。家族にも親戚にも連絡をほとんど取らず、母子3人は都心の集合住宅で孤立していた。

日本で、国民の多くが経済的な成長の恩恵を受けていた時代は終わった。経済格差は広がり、コミュニティーの崩壊が進み、人々はそれぞれ違う価値観を持つようになった。分断が進み、孤立する人は増える。その最大の犠牲者は、子どもだと感じている。

著者は、子どもたちのためになるスポーツ記事を書けないかと、迷ったときは立ち返るようにしている。対立や孤立してしまいがちな現代社会の人と人、多様な子どもと大人とを、スポーツが結びつけるような事例は、特に意識して記事にしてきたつもりだ。それを読んだ人に少しでも共感してもらい、人と人とがつながってコミュニティーを作ることについて、もう一度、考えてもらえればという思いだ。若い世代が新聞を読まなくなっていることは承知している。しかし、子どものお手本となるようなスポーツ選手の姿や、少しでも人々の力になりそうなスポーツのあり方を伝えて、それらに関わる人の価値観を読者と共有することで、これからの社会を担う世代の力に少しでもなりたいと思っている。

スポーツの試合を報じる際は、勝ったことだけや、誰がどんな記録だったということだけでなく、負けや失敗、けがをしたときの姿ほど伝えたい。そこでどれほど苦悩し、どうやってもう一度気持ちを奮い立たせたのか、誰がそれを支えてきたのか、そんなことこそ価値があることで、記事として伝えたいことだ。

2006年、日本のアイスホッケーリーグでプレーしていた、元北米プロアイスホッケーリーグ（NHL）選手のショーン・ポディーンにインタビューした。NHLで11シーズンプレーし、リーグ制覇も経験した名選手は、約10年、病気の子どもらを支援する財団を設立して運営し続けていた。子どもの難病の治療法の研究支援もしていた。体が不自由な子どもと出会ったことでチャリティーに力を入れるようになったと聞いた。こんな選手の姿を報じることで、少しでも共感する人が増えればと思った。

2007年に取材した精神障害者のサッカー大会は、大阪府内から8チーム約50人が参加した。2016年には、世界で初めてとなる国際大会が大阪府で開かれるまでに急発展した。かつて、病院などに閉じ込められていた精神障害者は今、地域の中でコミュニティーの一員として生活するようになっている。地域の人と一緒にスポーツをすることが、偏見を取り除く助けになっている。スポーツに取り組むことで障害者は自信を持つようになり、生活に目標とリズムができ、障害の改善にもつながると、注目されている。

貧困、虐待、家庭崩壊などで信頼できる大人と出会えなかった少年少女が、スポーツ活動を通じて大人とコミュニケーションを取るようになり、孤立や問題が解消されていく取り組みもあった。

２０２０年東京五輪パラリンピックは、復興五輪を掲げている。東日本大震災の被災地では、子どもにスポーツをさせたいが、経済や労力の負担が大きく、諦めているシングルマザーがいた。スポーツチームに入っているが、スパイクが買えず、頑張ってレギュラーになっても試合に出られないという子の話も聞いた。スポーツができないというだけの話ではない。やりたいことができず、子どもは自尊心を育むことができず、何かをやろうという意欲もなくしていく。失敗したり成功したりを繰り返す経験もなく、仲間も失う。貧困問題は、経済的な貧困にとどまらず、経験の貧困でもあり、人間関係の貧困でもある。被災地で顕在化する、全国的な社会問題だ。

社会問題を解決できるのなら、日本におけるスポーツも、社会にとって価値ある存在になることができる。そんな、社会問題の解決につながるスポーツを担う人材を育て、仕組みを作るときだ。日本にはスター選手はいるが、日本の社会を、スポーツの力でもっと良くしていけないかを考え、自ら労力をかけて行動し、実際に社会を変えてくようなリーダー的存在はあまりいない。スターからリーダーへ。そんな選手を育てる意識を持つときだ。

２０２０年東京五輪パラリンピックは、日本のスポーツ文化を成熟へと向かわせる大きなチャンスだ。二つのゴールを目指そう。一つは、大会で良い成績を残すこと、もう一つは、社会を支えるスポーツのかたちを遺すことだ。

後藤太輔

２０１８年２月　平昌にて

後藤太輔（ごとう・たいすけ）
朝日新聞社記者。
1977年生まれ。大分県別府市出身。フィギュアスケート、パラリンピック、サッカーなど担当。貧困、虐待、障害と闘う子どもを支えるスポーツや、多様性を楽しみ、壁を越える力になるスポーツ、復興とスポーツなどの「社会課題解決型スポーツ」も大きなテーマの一つ。
2002年、早稲田大学を卒業し朝日新聞社に入社。新潟支局で北朝鮮による拉致被害者の帰国や豪雨水害を取材。名古屋や大阪でラグビー、ボクシング、アメリカンフットボール、サッカー、スケートなどを担当。大阪社会部では、マンションで餓死した3歳と1歳の姉弟が見つかった事件や、養子縁組後に生命保険をかけられた養子が殺害された事件の取材班に入った。11年から東京本社スポーツ部。18年4月からオピニオン編集部。

フィギュアスケートとジェンダー
——ぼくらに寄《よ》り添《そ》うスポーツの力《ちから》

二〇一八年四月十五日　第一版第一刷発行

著　者　後藤太輔
発行者　菊地泰博
発行所　株式会社現代書館
東京都千代田区飯田橋三-二-五
郵便番号　102-0072
電　話　03（3221）1321
FAX　03（3262）5906
振　替　00120-3-83725

組　版　具羅夢
印刷所　平河工業社（本文）
東光印刷所（カバー）
製本所　鶴亀製本
装　幀　伊藤滋章
地図製作　曽根田栄夫

校正協力・高梨恵一
 ISBN978-4-7684-5831-0

http://www.gendaishokan.co.jp/

現代書館

斉藤振一郎 著

全国野球場巡り

877カ所訪問観戦記

全国の野球場、877カ所を訪問し、プロ野球から中学生軟式野球まで観戦、そのスコアを書き留めた。球場の写真・所在地・訪問年月日・球場の規格とクラス・特徴・訪問日試合のスコア・最寄り駅や道順・感想などを綴る。**春風亭昇太氏絶賛**

4600円＋税

髙部雨市 著

クレージー・ランニング

日本人ランナーは何を背負ってきたのか

円谷幸吉、君原健二、中山竹通、そして豪州の伝説のコーチ、セラティ等、往年の名選手、名コーチ、スポーツ中継のテレビマンに長期取材し、それぞれの証言から〈人はなぜ走るのか?〉という永遠の問いを捉え直すスポーツドキュメンタリー。

2000円＋税

髙部雨市 著

笑撃！これが小人プロレスだ

（特製　試合DVD付録）

80年代以降、女子プロレスの興行とタイアップして、プリティ・アトム、リトル・フランキー、角掛仁、天草海坊主など、絶妙な演技で豊かな笑いを提供したが、今は消え去った小人プロレス。彼らの全盛期の活躍とその後の人生を徹底取材。**森達也氏絶賛**

2600円＋税

梅田明宏 著

スポーツ中継

知られざるテレビマンたちの矜恃

スポーツ中継番組制作の裏話を草創期から活躍したディレクター、プロデューサーたちに取材。当時の苦労や想いを綴ったスポーツ番組史。日本テレビに的を絞り、プロ野球・サッカー、箱根駅伝、世界陸上の中継の舞台裏の人間ドラマを活写する。

2000円＋税

梅田明宏 著

礎・清水FCと堀田哲爾が刻んだ日本サッカー五〇年史

日本サッカー史を振り返ると、間違いなく静岡県の清水市（現静岡市清水区）を中心に回っていた時代があった。小学校の一教師が、清水にサッカー王国を築き上げた足跡を取材し、日本サッカー発展に尽くした男たちの情熱を伝える。**セルジオ越後氏推薦**

4000円＋税

佐倉智美 著

性同一性障害の社会学

『性同一性障害はオモシロイ』で自らの体験を語り各書評で絶賛された著者が、大阪大学大学院での研究をもとに新しく書き下ろした本。平易な筆致で、問題の解説から当事者たちへの調査までを含めた当事者による性同一性障害の解説本。

1800円＋税

定価は二〇一八年四月一日現在のものです。